Todos los libros de Linkgua Ediciones cuentan con modelos de Inteligencia Artificial entrenados por hispanistas. Pregúntale al chat de tu libro lo que desees acerca de la obra o su autor/a.

Para ebooks: Accede a nuestro modelo de IA a través de un enlace.

Para libros impresos: Escanea el código QR de la portada con tu dispositivo móvil.

Obtén análisis detallados de nuestros libros, resúmenes, respuestas a tus preguntas y accede a nuestras ediciones críticas generativas para una experiencia de lectura más enriquecedora.
La transparencia y el respeto hacia la autoría de las fuentes utilizadas son distintivos básicos de nuestro proyecto. Por ello, las respuestas ofrecen, mediante un sistema de citas, las fuentes con las que han sido elaboradas.

Pablo de la Torriente Brau

# Aventuras del soldado desconocido cubano

Barcelona 2025
Linkgua-ediciones.com

# Créditos

Título original: Aventuras del soldado desconocido cubano.



e-mail: info@linkgua.com

Diseño de cubierta: Michel Mallard.

ISBN tapa dura: 978-84-9953-835-8.
ISBN rústica ilustrada: 978-84-9007-333-9.
ISBN ebook: 978-84-9816-757-3.

# Sumario

# Brevísima presentación

## La vida

Pablo de la Torriente Brau (San Juan, Puerto Rico, 19-12-1901-Majadahonda, Madrid, 19-12-1936).
De niño fue con su padre a Santander, España, y de ahí pasó a La Habana. Después, en Santiago de Cuba, estudió hasta tercer año de bachillerato. En 1919 se estableció en La Habana. Interrumpió sus estudios por razones económicas, aunque más tarde obtuvo el título de bachiller.

En La Habana, fue secretario de Fernando Ortiz. Se inició en el periodismo en El Nuevo Mundo y en El Veterano (1920). Por esa época conoció a Rubén Martínez Villena. Su intensa actividad política le impidió seguir sus estudios de Derecho Diplomático y Consular en la Universidad de La Habana. El 30 de septiembre de 1930 fue herido en una manifestación contra el presidente de Cuba Gerardo Machado.

Deportado a España en 1933, al pasar por Nueva York se acogió a su origen puertorriqueño y logró quedarse allí. Regresó a Cuba tras la caída de Machado.

Como corresponsal de *The New Masse* de Nueva York, y de *El Machete*, órgano del Partido Comunista de México, fue a España en 1936 a defender la República.

Murió en combate en la Guerra civil española.

## Prólogo

Entre otras cosas de menor importancia, nuestra literatura carece de su libro de la guerra. Desde *Sin novedad en el frente* —y aún antes, según tengo entendido— Alemania, Francia, Inglaterra, los Estados Unidos, Italia y hasta España —que no tomó parte en la contienda—, han producido una serie de obras de diversa notoriedad, constituyendo todas ellas lo que se ha venido llamando la literatura de la guerra. Cuba, por su parte, en nada ha contribuido a enriquecer este episodio de la literatura universal.

Y, sin embargo, Cuba, fatalmente, tenía que producir también su literatura de la guerra, puesto que nadie negará el importantísimo papel que desempeñamos los cubanos en aquella, por fortuna, lejana conflagración.

A pesar de aquella famosa caricatura, de quién sabe qué osado ignorante, que pintaba al kaiser y a su Estado Mayor buscando a Cuba en un mapa, al recibir la noticia de que esta le había declarado la guerra a Alemania, lo cierto es que puede afirmarse que la Guerra Europea la ganamos nosotros.

Acostumbrados como estamos a no darle importancia a lo nuestro, no me extrañaría que algún sabio de café sonriera, irónicamente, asegurando que se trataba de una pequeña exageración de mi parte. Mas no es necesario argumentar mucho.

Por lo pronto, para los que piensan demasiado en nuestra insignificancia, es necesario recordar que el vaso ya lleno hasta los topes, se desborda con una gota de agua; y ya, cuando nosotros, conscientes de nuestro deber de humanidad, decidimos intervenir para poner punto final a la guerra, aliados y alemanes estaban con los hígados fuera, como dos boxeadores que no pueden más y no tienen más esperanza que la de la campana. La lucha estaba realmente en estas condiciones, cuando se supo por todas las potencias que Cuba, la Perla de las Antillas, «la tierra más fermosa que ojos humanos hayan visto», como dijera Cristóforo Colombo, iba a lanzar su peso formidable en la balanza para decidir la justa. Quien niegue esto, ni sabe un comino de historia, ni es capaz de ninguna grandeza. Y, aun más, desprecia a su propio país y merece, en consecuencia, no solo la excomunión, sino también el ostracismo.

Hay que aclarar, no obstante, que en este hecho histórico, como en tantos otros, se nos ha tratado de robar toda la gloria. ¿No pretenden los americanos que no fue nuestro gran Finlay, sino el mayor Gorgas, quien venció a la fiebre amarilla? No es nuevo, por desgracia, esto de que nos arrebaten las cosas...

Yo debo, pues, ponerlo todo en su lugar, y con vista a una serie de documentos irrefutables, que no cito para evitar que otros historiadores, como se hace siempre, los interpreten al revés, aclararé los hechos punto por punto, y dejaré definitivamente establecido que no fueron los Estados Unidos, sino los cubanos, quienes decidimos la Guerra mundial con nuestra actitud.

Para analizar el problema en su dimensión de profundidad, hay que recordar lo siguiente: por aquella época —período de 1914-18—, existía en la Constitución de la República de Cuba un apéndice denominado Enmienda Platt, a virtud del cual, nosotros, para declarar la guerra a cualquier otra nación, teníamos que contar con la venia de los Estados Unidos. Algunos han considerado esto como vejaminoso para nuestra nacionalidad. Muchos de nuestros más sapientes críticos, tácticos y estrategas militares, consideran en cambio, que esta Enmienda Platt no ha sido otra cosa que un tratado de alianza ofensiva y defensiva entre Cuba y los Estados Unidos, obtenido por estos que necesitaban una fuerte aliada, frente a su Canal de Panamá, y, temerosos, más que nada, de que Cuba firmara un tratado similar con Inglaterra, en cuyo caso, no ya solo se vería en peligro el susodicho Canal, sino que también era muy probable que Cuba, a la larga, conquistara la Florida y aun la Lousiana. Acéptese o no esta tesis de los peritos militares, lo cierto es, y no habrá quien lo ponga en duda, que Cuba y los Estados Unidos, por razón de la Enmienda Platt —tan severamente enjuiciada por todos esos nuevos revolucionarios rojos vendidos al oro de Moscú— han devenido en potencias aliadas y gracias a esa alianza se ha mantenido el equilibrio norteamericano, como dicen los estadistas y diplomáticos.

A fuer de justos, precisa subrayar el hecho de que en esta alianza ofensiva y defensiva, quien en realidad ha salido más beneficiado han sido los Estados Unidos, ya que nosotros, francamente, no teníamos problemas que nos abrumaran. Según los mismos críticos militares en quienes fundamento mi argumentación, ni Haití, ni Santo Domingo han estado durante mucho tiempo en capacidad de hacernos agresión; ni tampoco las Bahamas, ni el Archipiélago de los Canarreos, que han sido nuestros más peligrosos rivales. A todos, no hay duda de que, en un momento determinado, podríamos aplastar. ¡Que por algo nos han llamado la Inglaterra del Nuevo Mundo! No así los Estados Unidos. Por el norte, la gran frontera canadiense, propicia a cualquier invasión inglesa en caso de conflicto, y por el sur, la frontera mexicana, ocasión de constantes choques y posible punto de desembarco de la infantería japonesa, llegada la coyuntura de una guerra contra el Imperio del Sol Naciente. Si a esto se añadía la posibilidad de una invasión cubana por la Florida, utilizando Cayo Hueso y Tampa, ya pasados al enemigo, se comprenderá que la situación de los Estados Unidos, en esa dramática circunstancia, sería desesperada. Por ello, sus críticos militares convinieron en que, cuanto antes, se contara con nuestra alianza. Y de ahí que firmáramos la Enmienda Platt.

Ni qué decir tiene que nuestros estadistas y estrategas, también han tratado de obtener ventajas de la tal Enmienda. Por lo pronto, se exigió la cuestión de las Carboneras de Caimanera, con el fin de intensificar la vida comercial de Guantánamo y de evitar un nuevo ataque de los ingleses, como ya lo habían realizado con anterioridad, en 1762. Y añádase que esta alianza con los Estados Unidos, nos ha evitado la reconquista española, como le ocurrió a México. Y nada quiero decir en cuanto a consideraciones de índole política y económica, pues de todos es sabido cuántos cubanos han triunfado en el orden político y prosperado en punto a riqueza, gracias, única y exclusivamente, a la tan calumniada Enmienda Platt.

Es en virtud de este vituperado apéndice, pues, que nosotros, cuando decidimos, después de meditarlo con toda justicia, arrojar nuestra espada en la balanza de la guerra, a favor de los aliados, que eran los que luchaban por «la libertad de los pueblos pequeños», nos vimos compelidos a notificar, por conducto de nuestra Cancillería, a la norteamericana, la decisión que habíamos tomado de poner glorioso término a la guerra con nuestra presencia. Esto aconteció tal día como hoy, y al siguiente, cuando esperábamos la respuesta de Washington, para cumplir con la fórmula, los periódicos nos sorprendieron con la noticia de que los Estados Unidos le habían declarado la guerra a Alemania.

Sin duda, se había cometido una violación «moral» del tratado entre las dos potencias, cubana y americana. Si bien es cierto, en efecto, que, por un olvido, en la Enmienda Platt no se especifica que los Estados Unidos se encuentren en la obligación de consultar a Cuba cuando ellos, a su vez, deseen declarar la guerra a otra nación, es claro que, aunque sea por pura cortesía, debían contar con nosotros, ya que nosotros contamos con ellos, en la Enmienda Platt, aunque siempre, desde luego, de potencia a potencia.

Analizado el caso, y haciendo un poquito de historia —sin que ello quiera decir que estamos atizando la candela para producir un rompimiento entre las dos naciones— lo cierto es lo siguiente: por sobre todo hay que convenir en que nuestra aliada —los Estados Unidos— heredera legítima de la pérfida Albión, jamás se ha embarcado en zafarrancho de combate sino con la seguridad ya plena de robar. Examínese su historia y se comprobará esto: anexión de Texas; guerra con México; guerra con España y otros pequeños *affaires*. Además, en este caso concreto, nuestra aliada, aunque estaba desesperada por entrar en la guerra, puesto que advertía que si Alemania triunfaba se iba a quedar sin cobrar un centavo de los miles de millones de pesos que había prestado a Inglaterra, Francia e Italia, aparte de que «la defensa de los pueblos pequeños», de los cuales tradicionalmente se ha considerado ella matrona, por lo menos en América, se iba a ver en peligro, no se decidía porque, como se ha dicho, quería estar segura de nuestra actitud, ya que no podía lanzarse a la aventura, en tanto existiera la posibilidad de que los cubanos, mientras las tropas yanquis marchaban hacia Europa, invadiéramos la Florida y conquistáramos el Canal de Panamá, separando, de esa manera, sus flotas. Esto es claro y sencillo como un día de abril. Ahora bien, una vez en posesión los Estados Unidos de la seguridad nuestra, no solo de que íbamos a permanecer neutrales, sino de que asimismo íbamos a combatir «por la libertad de los pueblos pequeños», nos robaron la arrancada y se llevaron toda la gloria de la declaración de guerra a Alemania, aprovechándose del desdichado olvido de nuestros estadistas de no incluir en la Enmienda Platt una simple clausulita, según la cual también los Estados Unidos se vieran precisados a contar con nosotros para declararle la guerra a cualquier otra potencia. Y así, mientras el presidente Wilson se pasea hoy entre las grandes figuras de la historia, el general Menocal solo se pasea por el Vedado, cuando no se cree obligado a hacerlo por Miami Beach. Todo, sin embargo, con el tiempo se aclara, y ya algún día el espionaje alemán, siempre astuto, pondrá los puntos sobre las íes.

Ya sé que, como toda esta argumentación es irrefutable, los que siempre se empeñan en desmoralizarnos, dirán que con qué derecho reclamamos la gloria de haber decidido la guerra si no fuimos a ella. Esto no debiera discutirse, por baladí. Tampoco fueron al frente ni Wilson, ni Clemenceau, Lord Edward ni siquiera Joffre, Foch ni ningún otro mariscal, a los que, no obstante, todo el mundo les atribuye la paternidad de la victoria. Con igual razón nosotros podemos alegar esa paternidad por control remoto, como se dice ahora. Además, ciertos autores estarán de acuerdo en atribuirnos, cuando menos, un decisivo factor psicológico, ya que los alemanes, al recibir cada día la noticia de un nuevo pueblo que se les echaba encima, pudieron sabiamente, ir descifrando el origen, la causa, el motivo, el porqué de esa nueva agresión, pero al conocer que un pueblo cuya existencia ignoraban —y lo prueba la caricatura ya mencionada de una manera irrebatible— y cuyos odios, inquinas o razones se les ocultaba a todo el esfuerzo de sus molleras concentradas, sufrieron un colapso parecido al que experimenta el que no puede construir un rompecabezas o falla al resolver un crucigrama: *shock* moral, que se llama en medicina. De lo que se aprovecharon los Aliados, como es natural.

Mas si todo esto es cierto también, alguien, por último, se aparecerá —¡oh, ruindad de los hombres!— recordando, a los que reclamamos nuestra tajada de gloria en la gloria de la Guerra mundial, que cuando se lanzó la idea de enviar cubanos al frente, por millares se casaron y que de aquella época data el verdadero descubrimiento de muchos de nuestros impenetrables montes. ¿Cómo un pueblo que tanta tirria le cogió a la guerra puede ahora alegar su participación en la victoria? La impugnación de este argumento resulta, en verdad, ociosa. Salta a la vista su fragilidad. Si franceses y alemanes no se escondieron fue, sencillamente, porque no tenían dónde hacerlo, ya que, el terror a ser Soldado desconocido es algo que viene de antes del descubrimiento de Cuba. De haber contado ellos con las montañas de Oriente, no los encuentra ni un detective inglés. Además, para dejar aclarado este punto de una manera definitiva: el arte de la guerra siempre ha sido el arte de esconderse. Tanto más guerrero y audaz ha sido un pueblo cuanto mejor se ha escondido. Nada más despreciable, a mi juicio, que las referencias eruditas. Vale la pena recordar, sin embargo, que ya los guerreros antiguos se escondían detrás de cascos y escudos de metal; los salvajes más feroces utilizan máscaras para no parecerse a nadie, cuando van a la pelea; las ciudades se han acurrucado medrosamente detrás de las murallas; los guerreros más legendarios de la Edad Media se refugiaron en la cúspide de inaccesibles montañas, y, no encontrándose seguros ni en esa forma, se aislaron por medio de fosos y puentes levadizos y aun fabricaron inexpugnables castillos. Y en los tiempos modernos, ¿qué otra cosa que escondrijos han sido las trincheras? ¿Y los tanques? ¿Se conoce algo más parecido a una tortuga, el animal más escondido de la creación? El mismo avión, ¿acaso no es el aparato mejor preparado para la fuga que conoce la historia humana? La guerra, pues, no es sino el arte de esconderse bien, como ya dije. Y pueblo que se esconde, pueblo vencedor es. De ahí nuestra gran victoria en la Guerra europea. Y, el que no trague, que consulte serenamente las estadísticas. Ni Francia, ni Inglaterra, ni Rusia, ni Italia, ni el Japón, pudieron vencer a los poderes centrales durante cuatro años. Entramos nosotros y a los pocos meses todo había acabado y pudimos celebrar el Armisticio en Santiago y en La Habana, con sendos arrollaos y congas. Por otra parte, mientras murieron franceses, ingleses, italianos, rusos y japoneses por racimos, los cubanos, con nuestra enjundiosa táctica militar, nos eludimos de una muerte inútil. Y, a no haber sido por la funesta influenza, se hubiera sentado el caso de un pueblo vencedor que no había sacrificado en su epónima victoria ni una sola vida.

Por último, para los que aún no estén del todo convencidos de que fuimos nosotros los que verdaderamente inclinamos la balanza de la victoria del lado aliado, me veré obligado a recordar —aunque siempre luce feo el estar sacando los favores—[1] que nosotros, al sacrificar el precio de nuestro azúcar, hicimos factible el envío de esta en grandes cantidades a Europa, con lo cual, como fácilmente se colige, fue posible el que se les sirviera café a todos los soldados en las trincheras, trayendo esto como consecuencia, según la opinión de los

1 Fea costumbre que tiene nuestra aliada, los Estados Unidos, con su historia de la ayuda que nos prestaron en la Guerra de independencia.

más sesudos críticos militares alemanes y aliados, que los soldados de esta zona permanecieran desvelados largas horas, al paso que los soldados alemanes eran vencidos por el sueño, y enseguida derrotados por los asaltos nocturnos. Y todo ello, a causa de nuestro azúcar, por donde se ve nuestro gran aporte, no ya al triunfo de la guerra, sino a salvar la civilización. Pues de haber triunfado Alemania, ¿qué hubiera sido de la libertad de los pueblos pequeños? Solo con haber subido el precio del azúcar a lo que hubiéramos querido, se hubiera producido lo siguiente, según el análisis hecho por avisados técnicos: de inmediato, imposibilidad de los Aliados de comprarnos el azúcar; después, imposibilidad de darles café a sus soldados y, en consecuencia, como sucedía la mayor parte de las veces en las trincheras alemanas, se hubiera dado el caso de haberse tenido que cancelar la guerra por sueño, ya que ambos ejércitos, incapaces de despertarse unos a otros hubieran permanecido inalterablemente en las mismas posiciones, lo que hubiera, a su vez, originado una baja enorme en la venta de los periódicos y, correlativamente un pánico bursátil que hubiera puesto fin a la guerra sin vencedores ni vencidos. Gracias, pues, a nuestro azúcar barato, fue posible la terminación de la guerra. Sin hipérbole puede afirmarse que cualquier machetero de nuestros campos de caña hizo más, mucho más, por la causa aliada, que el propio mariscal Foch. Cada caña de tres trozos cortada, era azúcar para una taza de café aliada, y por ende, desvelo victorioso para un héroe a punto de caer en el insomnio.

Creo haber pulverizado, punto por punto, todas las falaces y precarias argumentaciones que suelen oponerse al crédito que, universalmente, debía reconocérsenos como vencedores de la Gran guerra. Mas, lo cierto es que, no obstante su participación decisiva en la magna contienda, Cuba no ha producido su literatura de la guerra. ¿Por qué?

En rigor, no hay que alarmarse. ¿Es que Cuba tiene su literatura de la paz? A mí me parece que ello debe atribuirse a nuestro carácter radicalmente generoso. ¿Cómo darle importancia, sin mixtificar nuestra idiosincrasia, a nuestros sacrificios, ni siquiera a nuestra homérica victoria?

¿Por qué habíamos de alardear de nuestro triunfo en la Guerra mundial, si tan poco nos habíamos ocupado de nuestras propias guerras, las cuales, las pobres, apenas si han servido para que unos cuantos venerables devotos hayan ido malviviendo de los recuerdos de sus héroes, y eso, con la murmuración pública? ¿Para qué ocuparnos del aviador Rosillo, catalán de origen, pero cubano de corazón, que según aseguran algunos estuvo en Francia, si apenas nos hemos ocupado de José Martí, de Antonio Maceo, de Ignacio Agramonte y de otros del mismo prócer linaje? En el fondo, nosotros poseemos una elegancia helénica. Hacemos las cosas y luego no les damos relevancia. Todo es natural para nosotros. Si tenemos un héroe, un artista o un sabio, allá él, que, después de todo, si tal ha resultado ser, será porque la naturaleza así lo quiso. Las culminaciones de esta están reñidas con el *bally hoo*. En esto le llevamos cuantiosa ventaja a nuestra aliada. En los Estados Unidos, apenas un individuo inventa, por ejemplo, un vulgar cosmético, ya sale en los periódicos, le escriben biografías y se les asegura a todos los muchachos que, al lado de semejante químico, Lavoisier mismo no era sino un principiante un poco bruto.

¿Qué de extraño tiene, pues, que no tuviéramos hasta hoy nuestro libro de la guerra? Y, aun, dado nuestro carácter, y la acusación que sobre mí pesa, de vivir protegido por el oro de Moscú, ¿qué de extraño tendrá que se me acuse de falsario, de irrespetuoso y aun de humorista, por dar a la estampa este libro, réplica cubana de *Sin novedad en el frente*? Como buen cubano, me contentaré con no hacer mucho caso a la crítica vernácula, en la seguridad de qué ya vendrá mi reivindicación algún día. Sí otra cosa buena tenemos nosotros, es precisamente la gran paciencia de que disponemos para todo y el no apurarnos por nada. Y he aquí hallada, casi sin querer, otra de las razones fundamentales para no haber producido aún nuestra literatura de guerra: nosotros, por tomarnos nuestro tiempo, siempre empezamos a producir con un retraso sobre cualquier corriente literaria o artística, de quince, veinte y hasta cien años. También esta morosidad nuestra es una gran virtud. Nunca incurrimos en exageraciones que ya no se conozcan.

En todo caso, empero, como se trata de un libro de rigurosa fundamentación científica y cimentado, principalmente, en revelaciones espiritistas —ciencia en la cual los aportes cubanos marchan a la cabeza del mundo—,[2] debo rechazar de plano algunas acusaciones que, seguramente, se me harán.

En primer término, el hecho de que mamá sea una enfebrecida beata del espiritismo y de que, por ello, en casa muchas veces no haya un vaso listo para tomar agua, por estar todos ocupados en oraciones a los distintos espíritus de los cuales ella es devota —Juan Bruno Zayas, la hermana María y muchos más— me exime de la imputación de irreverente hacia una creencia que es, sobre todo, una cuestión de familia. Si los muertos salen, el Soldado desconocido, que también es un muerto como otro cualquiera, tiene derecho a salir también.

2 Nuestro espiritismo tiene manifestaciones múltiples: literarias, musicales, coreográficas y económicas.

Mucho se ha argumentado en contra y a favor de la salida de los muertos. Yo, por ejemplo, a pesar de mi fe, no puedo dejar de constatar el hecho, de que, en una larga prisión en que estuve, en la cual mis camaradas casi todos tenían en las costillas algún asesinato, y que, en conjunto, por los alrededores de la cárcel debía haber un par de miles de espíritus, lo cierto es que ninguno salió jamás, ni hizo la menor señal de su presencia. ¿Debe esto considerarse como definitivo? Falso. Y ello porque, ante todo, hay que partir de la base de que los muertos también son humanos, y ¿cómo iban a pensar en salir, a presencia de semejante grupo de forajidos? Los muertos —no debe olvidarse— no pierden su condición de vivos, y la puñalada por la espalda que recibieron como pasaporte para el otro mundo, les enseñó que con hombres dispuestos a ir a presidio, no se puede andar con jueguitos, ni lucecitas, ni nada de eso. Por eso, los espíritus no aparecen en las cárceles, donde, además, la disciplina es extremadamente rígida y peligrosa.

El argumento a favor es que, por el contrario, hay muertos que salen en todas partes y que le salen a cualquiera, por muy buen resguardado que esté. Y esto refuerza sólidamente mi tesis de que los muertos siguen siendo vivos en todos los sentidos. En efecto, ¿quién no recuerda los sustos que hemos pasado nosotros por andar sacándole a la gente determinados muertecitos?

No hay duda, desde luego, que este problema, como todos, pertenece a la relatividad y, si se me permite, yo formularé la teoría de la aparición espiritual de esta suerte: el que ha sido vivo antes de estar muerto, ese sale de todas maneras; y el que ha estado muerto antes de morir, ese no sale de ningún modo ni a nadie. De otro modo: hay muertos, amigos del descanso, muertos de temperamento abúlico, que no salen de ninguna forma y otros que, por el contrario, por mucho que se guarezcan los que les temen, salen siempre, por encima de todos los obstáculos, y, como suelen ser muertos con propósitos determinados, en definitiva se salen con la suya. Y, claro está, que estos son solo principios generales, porque si me pusiera a clasificar los muertos, de acuerdo con sus actividades y temperamentos, necesitaría otro ensayo, que no este lugar.

Sentada ya sobre bases firmes la evidencia científica de la salida de los muertos, me resta solo desvirtuar ciertas insinuaciones de la crítica llamada seria sobre la veracidad de mi trabajo. Si en Cuba muy pocos se atreverían a negar el espiritismo, en cambio, sí hay muchos que dudarán de mi capacidad para ponerme en comunicación mediumnímica con cualquier ser. Estos individuos objetarán de fijo, que yo no he sido favorecido realmente durante mi estancia en Nueva York por las visitas del Soldado desconocido sino que, más bien, influido, yo, como don Quijote, por la lectura de los libros de la guerra, y aun por las películas que de ellos se han filmado, me he dispuesto al truco y he escrito falsas narraciones.

Muy fácil me resulta destruir esa presunción. Jamás he leído, uno solo, de entre los famosos libros de la guerra. Si no lo sabían, ya lo saben. Ni de Remarque, ni de Arnold Zweig, ni de Barbusse. Ello no significa que me haya podido sustraer totalmente a su influencia. Largo y tendido he escuchado a mis compañeros hablar de ellos. Por si también lo ignoraban ya lo saben: una de las formas que más he aprovechado yo para aprender es dejar que otros lean y luego me cuenten sus impresiones. De esa manera, he ahorrado una barbaridad de tiempo. En cuanto a las películas de guerra, de estas sí he visto varias, no lo niego. Pero de ahí, a decir que mis lecturas de oídas y sesiones cinegráficas he sacado yo mis relatos, hay enorme diferencia. Véase por qué. Yo he leído sobre astronomía y botánica y otra porción de cosas, sobre las cuales no he escrito por mucho que me interesen e impresionen. Y en punto a películas, si algunas de guerra he visto, muchas más las he sufrido de gángsters, reinas, policías, bandidos, *cowboys* y niñas ingenuas que se casan con millonarios. Y, a pesar de que estas suelen ser tan malas como las de guerra, jamás me ha dado ni por escribir la biografía de Al Capone, ni aventuras de Tom Mix, ni amores inéditos para Janet Gaynor.

Echados por tierra todos estos argumentos, solo me queda por rebatir ya el tan poco gentil de «¿por qué he sido yo y no otro el favorecido por la amistad y las confesiones de Hiliodomiro del Sol, Soldado desconocido de Arlington?».

Como buen marxista, yo podría en este caso ir desdoblando la serie de causalidades que fueron propiciando el que un día, por casualidad, nos encontráramos Hiliodomiro y yo. Más rechazo hacer esto para no cansar y me acojo al crédito público. Hay quien se encuentra un billete de 100 pesos y todo el mundo se lo cree. Cuando un novelista necesita que se acabe el libro, hace que determinado personaje mate al protagonista, y todo el mundo está conforme y nadie protesta. Cuando en las películas del Oeste, un *cowboy* dispara cien tiros con un revólver de seis cápsulas, todo el mundo se emociona y admite la creación del revólver-ametralladora, no solo sin protestar, sino encantado. Cuando compra cualquiera un billete de lotería y durante veinte años no se saca un centavo nadie protesta y todo el mundo sigue jugando. Cuando se casa uno con una mujer nacida en Borneo, nadie se pone a indagar la razón del misterio de esa realidad. Cuando, en fin, un vendedor de rábanos llega a lo que ni él mismo soñó llegar jamás, nadie protesta tampoco... ¿Y se me va a negar ahora, a mí, el derecho de haber tropezado con el Soldado desconocido, y el que este me diera su confianza? ¡Vamos, hombre! No hay que hacer caso a tales suposiciones y dejar el asunto a un lado. Y el que quiera creer que crea y el que no, que dude o que niegue. ¡Que si, por casualidad, se le ocurre al Soldado desconocido protegerme y conseguirme algún alto puesto, ya tendré yo también quien venga a reunirse conmigo por casualidad!...

No quiero terminar esta ya larga, pero necesaria disquisición introductoria, sin rebatir las críticas sobre la interpretación que puedo haber dado yo a las confesiones de Hiliodomiro. Rechazo enérgicamente esas suposiciones. Y, la mejor prueba de ello, está en que él sigue siendo mi amigo y que nuevas revelaciones me hace a cada rato, que si tengo tiempo alguna vez, recogeré. Por lo demás, él no ha dejado de ser cubano, por muy Soldado desconocido que sea, y no puede, por tanto, dejar de tirar a relajo un poco su alta posición. Y esta es la mejor prueba de la fidelidad de mi interpretación: el que Hiliodomiro, Soldado desconocido, no sea otra cosa, en el fondo, que un tipo de relajo. Ni más, ni menos, que cualquiera de nuestras grandes figuras.

Sea, pues, este libro, el comienzo de una fecunda literatura cubana sobre la Guerra mundial. No tengo ambiciones de gloria y de triunfo con él, y únicamente reclamo, si se me permite, el derecho de haber sido el precursor. Y si alguien alega que es muy tarde para salirse ahora con un libro de la gran guerra, que esto no sea obstáculo, porque, como la próxima gran guerra está al caerse de la mata, como vulgarmente se dice, estos libros cubanos serán precursores de esa gran contienda y, alguna vez, habremos sido nosotros los iniciadores de una nueva corriente literaria.

Nueva York, 1936

# I

Cuando conocí al Soldado desconocido, ya este tenía la experiencia que solo dan los años y había perdido un poco de resabios y de pretensiones. Por ello, y por un complejo de circunstancias que nos atrajeron con mutua simpatía, fue conmigo enteramente franco y cordial y me narró interesantísimos episodios de su vida. En realidad, desde aquel momento yo llegué a la conclusión de que el Soldado desconocido debía ser más conocido. Y, por eso, me he dispuesto a dar a conocer, con la exactitud que demanda la historia, la biografía de un ente, extraordinario a la fuerza, verdadero infarto mitológico en medio de la claridad de nuestro tiempo.

El motivo inicial de estos relatos, debe ser, desde luego, cómo conocí al Soldado desconocido, entre otras razones, por lo interesante que la cuestión fue, así para mí como para él.

Sucedió ello el 4 de julio de 1935, en la ciudad de Nueva York. Tal día, es el de la fiesta nacional norteamericana.

Aprovechando la circunstancia de que vacaban las oficinas y factorías, los revolucionarios cubanos habíamos convocado a un mitin en el Club cubano Julio Antonio Mella, en la Quinta Avenida y la 116, con el propósito de recabar el apoyo moral y material del movimiento popular norteamericano para la lucha contra los nuevos tiranuelos de nuestro país.

El mitin fue magnífico. Se llenaron los salones y se prodigaron generosamente los aplausos a todos los oradores. Particularmente, yo obtuve un éxito extraordinario.

Ocurrió que, por ser el último orador, cuando me llegó el turno para hablar casi no me quedaba nada interesante que decir sobre la situación cubana y, entonces, exprimiéndome la imaginación, ocurrióseme ligar los acontecimientos mundiales del día, la experiencia de la historia y ciertos conceptos filosóficos deliberadamente vagos, con los aspectos de la lucha contra el imperialismo en Cuba y, como les suele ocurrir a los que no son oradores, que improvisando quedan mejor, coronó mi trabajo el más rotundo triunfo.

Como procede, al objeto de esta explicación, debo referirme a la parte del discurso en que hice mención a la pasada Guerra mundial y a la posibilidad de que se repitiese el «espectáculo». Recuerdo que estuve feliz al referirme a las patrañas de que se habían valido las potencias para justificar y glorificar la horrenda carnicería. Entre estas patrañas hice referencia concreta a la deificación del Soldado desconocido y tuve un acierto singular cuando señalé cómo ninguna de las innumerables estatuas que se han levantado a este mártir anónimo de la matanza, tenía ni la figura ni las facciones de un negro. La idea produjo impresión en la asamblea, que la acogió como una revelación.

De todas maneras, lo interesante de toda esta afortunada especulación oratoria es que motivó la entrevista que voy a referir inmediatamente.

Cuando terminó el mitin, yo, como presidente, o *chairman*, como se dice acá, hice una petición de dinero para luchar contra la guerra y contra el imperialismo en Cuba. Comencé, prudentemente, solicitando un simpatizante que tuviera 5 pesos para dar. (Ustedes saben. Se acostumbra hacer un ingenuo truco que consiste en dar de antemano esta cantidad para que alguien se decida a romper el hielo y los demás no tarden en emularlo.) Y sucedió lo inverosímil. Se adelantó, inmediatamente, a dar los 5 pesos convenidos nuestro compañero encargado del truco y, entre aplausos, otro oyente se levantó para ofrecer 10 pesos para la lucha contra la guerra. En la mesa nos miramos unos a otros para averiguar quién era el autor de semejante reforma genial a nuestra estrategia. El resultado fue tan estupendo que rompimos todos los records de recaudación aquella noche. La afluencia de donantes fue tal que apenas si tuvimos tiempo de fijarnos en el hombre que había dado «10 pesos para la lucha contra la guerra».

Pero, a la salida, el hombre me estaba esperando. Era un mulato alto, bastante bien vestido, aunque se notaba que la ropa era un poco anticuada. Era más bien delgado, pero fuerte, de rostro simpático y charla fluente en la que pronto noté algo raro, algo que me traía recuerdos de la infancia y de la adolescencia.

El hombre, saliendo del Club, se me presentó y enseguida todo quedó aclarado entre nosotros.

—Me llamo Hiliodomiro del Sol, y soy de Cuba, de Santiago de Cuba...

—¡Cómo! —le interrumpí—. ¿Usted es Hiliodomiro del Sol?...

—Yo mismo... ¡Qué! ¿Usted me conoció, acaso?... Me extraña, porque usted es muy joven... Sin embargo... (Y el hombre se quedó pensando un rato.) Venga acá —me dijo—. ¿Por casualidad usted es hijo de don Félix de la Torriente, aquel maestro que tenía un colegio en Santiago, allá por el año 14?

—Claro que sí, que soy hijo de don Félix —le dije— y, aunque yo era un muchacho, me acuerdo perfectamente de usted.

Entramos en una cafetería de Lenox y tomamos algo en una bandeja para propiciar la conversación evocadora.

—Caramba —comencé— yo me acuerdo de usted, porque usted era un hombre famoso para los muchachos allá en Santiago. Nosotros le decíamos el Habanero, porque decíase que una vez había ido a La Habana y traído dichos de allá. Usted siempre estaba de guaracha y de rumba. Y tenía bronca por los cafés con aquel Aparicio que era tan grande. O andaba de serenata con Sindo Garay, el guitarrista. Era un hombre alegre y guapo, por eso los muchachos lo conocíamos. Usted cuando llegaba la fiesta de carnaval de Santa Ana, Santa Cristina y Santiago, arrollaba con la comparsa de los Hijos de Quirino y una vez me acuerdo que, frente al Club San Carlos, con un grupo de amigos, plantaron un catre en la calle y orinales nuevos y los llenaron de cerveza... La gente se reía a carcajadas y ustedes estaban borrachos y nosotros los seguíamos en pandilla cuando tomaron por San Félix para abajo y se llevaron de la Plaza de Armas varios músicos tocando clarinetes y bebiendo cerveza en orinales, que parecía que bebían meao. Así llegamos hasta el barrio de Los Hoyos y allí se armó la gran parranda que hasta nosotros arrollamos...

Noté que mi evocación había llenado de complacencia a mi interlocutor. Desde luego, había halagado su vanidad y, sobre todo, le había refrescado recuerdos agradables de su turbulenta juventud.

Impresionado favorablemente hacia mí, fue que asumió aquella actitud tan rápida en lugar de emplear los rodeos que, sin duda, hubiera utilizado, para darme a conocer su verdadera personalidad. Por ello, cuando le pregunté, para infundirle nueva vida a la conversación, qué hacía en Nueva York y por qué había desaparecido de Santiago, me dijo, sin más rodeos:

—Yo solo estoy en Nueva York de visita hoy. Yo soy el Soldado desconocido de Arlington...

Mi estupefacción fue silenciosa y hondamente pensativa. Al pronto, saqué recuerdos de mis abigarradas lecturas y admití la posibilidad de una locura sifilítica, cosa bastante natural en quien había hecho una vida tan correntona.

Pero Hiliodomiro me atajó enseguida y con esa efectiva clarividencia que solo los espiritistas han tenido el talento de reconocer en los muertos, me dijo:

—No, no se trata de ninguna locura. Recuerda y obsérvame. Yo soy otro hombre. Yo era más joven que lo que eres tú y solo han pasado unos quince años desde entonces...

Consideré que lo mejor era dejarlo hablar.

—¿No te acuerdas de cuando vino la guerra?... Bueno, tú eras muy muchacho y yo era muy borracho para que le diéramos importancia a aquello... Pero seguro estoy de que tú tomarías parte en las «guerrillas» del Tivolí, Los Hoyos y la Plaza e'Marta y que alguna pedrada cogerías en ellas. Y yo, por mi parte discutí violentamente en el café, a favor de Francia, hasta «jumarme» y cantar *La Marsellesa.*

Pero de *La Chambelona* sí te acordarás mejor, porque esa fue en Cuba y nos tocó directamente y el mismo Santiago fue tomado y perdido por los alzados, cuando nos retiramos para Songo, con Rigoberto y Loret de Mola. Bueno, los liberales no quedamos muy bien parados que digamos y cuando vino la cuestión de meter a Cuba en la guerra, por guataquería a los yanquis, nos metieron los monos en el cuerpo con aquello del Servicio Militar Obligatorio...

¿No te acuerdas de aquel desbande que se armó de todo el mundo a casarse para no tener que ir a la guerra?... A mí se me ocurrió lo mismo. Pero ¿con quién me iba a casar? Tenía cuatro o cinco muchachas donde escoger, pero si me decidía por una me iba a tener que pelear con las otras y pensando pensando se me ocurrió que lo mejor era huirme un tiempo de Santiago, «perderme», para salvarme de ir a la Guerra donde nada se me había perdido. Y, como era amigo de parrandas de tantos marinos, me fue fácil embarcar sin pasaporte ni nada y venir a dar a Nueva York.

Aquí no quiero decirte. Ya tú conoces esto. Al principio escapé bien y por el solo hecho de andar «jumao» y de no hablar inglés me libré dos o tres veces de ir a parar a un campo de entrenamiento. Ya estaba preparando mi viaje para la Argentina, cuando un día, al salir del *subway* me encontré con un cordón de policías que iban separando a los hombres de edad militar, sin preguntarles si eran americanos o no. Para mi desgracia, ese día no había probado ni jota y parece que, por ello, mis argumentos carecían de esa lucidez que da el buen alcohol.

Nada me sirvió. Por último, de estúpido, quise utilizar los servicios del Cónsul y del Ministro, pero estos tipos se ensañaron conmigo y no solo no me ayudaron a escapar sino que impidieron que yo fuera con las tropas americanas que fueron a la guerra, a jugar la pelota allá, en el valle de San Juan, cerca de Santiago.

Fui a dar a un campo de entrenamiento en Texas. Monté en unos caballos que parecían mulos; rompí a bayonetazos qué sé yo cuántos muñecos de cuero y arena; me tiraron desde aeroplanos con paracaídas; hice túneles para poner minas; cargué alambres de púas para plantar trincheras de alambre y, por último, como era grande y fuerte, me pusieron a practicar el lanzamiento de granadas... Te aseguro que nunca en mi vida he estado tan fuerte. Esa gente parecía que se había propuesto prepararme para quitarle el campeonato a Jack Johnson. Y, en efecto, como si la guerra fuera a ser a puñetazos, todas las tardes me metían en el ring con boxeadores profesionales encargados de darnos tremendas palizas. Una vez que no pude aguantar más golpes, me acordé de cómo nos fajamos en Santiago y le pegué una terrible patada por los cojones al instructor que por poco lo mato. A poco más me salvo de ir a la guerra porque se me hizo Consejo de guerra y se me iba a juzgar severamente por insubordinación e indisciplina; pero me defendí tan estúpidamente que el tribunal reconoció en mí defectos naturales en un temperamento combativo y valeroso y acordó enviarme para Francia antes de terminar el entrenamiento...

No te quiero contar... Por lo pronto, nos embarcaron para Nueva York. Allí nos pasearon por las calles atestadas de un público inmenso que había ido a comprobar que otros se iban por él y nos aplaudía a rabiar, en el fondo exteriorizando su alegría de quedarse, y por donde quiera nos tocaban el *Tiperary* y el *Over there*... Ni sé cuántas viejas me abrazaron llorando, llamándome. ¡Hijo!... Y qué sé yo cuántas muchachas me besaron. Yo iba marchando nada más que vigilante a la oportunidad de salirme de filas y desaparecer, pero el entusiasmo de la multitud por quedarse y vernos partir era tal, que había hecho una verdadera muralla a lo largo de todo Broadway hasta los muelles y nadie en el mundo hubiera podido barrenar aquella pared humana. Al cabo, convencido ya de que, por lo menos hasta el barco, no tenía ninguna oportunidad, y, como además, los admiradores me habían ido ofreciendo tragos de *whiskey* por el camino, determiné poner a mal tiempo buena cara y comencé a marchar con una marcialidad digna de un prusiano de los que despanzurré en Francia más tarde. Y, como entonces apenas había españoles en Nueva York, pues aproveché para gritar todos los ¡Me cago en Dios! ¡Viva Cuba! ¡Muera Francia! y ¡Viva el kaiser! que me dieron la gana de gritar, y los gritos se confundían con los *overtheres* y el entusiasmo de la juventud... Muchas muchachas al reconocerme extranjero me imaginaban un caballero moderno que iba a sacrificar mi juventud y mi vida por la libertad y me besuqueaban y se restregaban conmigo emocionadas hasta el espasmo... Yo respondía a estas efusiones con gritos de ¡Muera Washington, coño!... y ellas entendiendo lo de Washington aplaudían frenéticamente...

La multitud aleccionada por los periódicos gritaba: «¡A pagarle la deuda a Lafayette!... ¡Viva Francia!...» Yo, indignado, me preguntaba cómo esta gente había esperado siglo y medio hasta que yo estuviera en edad militar, para ir a pagarle la deuda a Lafayette... Con el sentido comercial que tiene este pueblo —pensaba yo— los intereses que tendrán que pagar ahora serán enormes... Pero, sobre todo, lo que me indignaba era que tuviera que ir yo también a pagarle la deuda a Lafayette... Porque ¿qué le debía Cuba a Francia? Como no fueran los saqueos de los corsarios franceses capitaneados por Jacques de Sores, ninguna otra cosa le debía.

Pero, de pronto, otros gritos brotaron bajo los auspicios del interminable *It is so long to Tiperary*... «¡A pelear por la libertad de los pueblos pequeños!...»

No pude más. Me indigné hasta el colmo y comencé a vociferar:

—¡Partía de cabrones!... ¡Qué pueblos pequeños ni qué carajo! ¡Acaso no son pequeños Cuba, Puerto Rico, Haití, Filipinas, Hawai, Panamá, Nicaragua, y los tienen ustedes jodidos hasta no poder más!...

Lleno de rabia tiré el fusil en tierra y una avalancha de pueblo se me tiró encima y me cargó en hombros vitoreándome hasta desgañitarse... Habían oído los nombres de tantos pueblos oprimidos y comprendieron instintivamente que yo había pedido la libertad de esos pueblos... Por eso, vociferaban a más y mejor y me proclamaban a priori paladín ayudándome a irme para Francia a pelear allí por la libertad de lo que podían dar en Washington tranquilamente...

Debo reconocer que yo fui el héroe del embarque. Mi nombre corrió a todo lo largo del regimiento y me llamó el Coronel para felicitarme por mi ardor patriótico, reconociendo delante del Estado Mayor la tradición bélica del pueblo cubano y el heroísmo de Roosevelt en la batalla de San Juan y el Caney, donde unos cuantos españoles bien bragados pusieron en ridículo a los yanquis que tuvieron que apelar, por último, a la astucia y la audacia de los mambises de Calixto García.

Y así comenzó mi carrera de héroe de la guerra. En el barco ya, acorralados como reses, entre pitazos, *La Marsellesa*, los alaridos de la multitud, el *Stardt Spangler Banner* y el *Save the King*, partimos de los muelles. Así pasamos ante la Estatua de la Libertad, más rígida que nunca, aunque agitada por todos los lados con banderitas francesas, inglesas y americanas, que nos despedían para la matanza.

Frente a la Estatua de la Libertad, y ya seguro de que nadie me entendía, comencé de nuevo mis insultos, gritando:

—Adiós, ¡hija de la gran puta...! ¡Ojalá te destroce un avión, so cabrona!...

Un soldado me tocó en el hombro y, mirándome con gran seriedad, me dijo en un perfecto español de México:

—Choque esos cinco hermano que, por culpa de esa gran chingada de la libertad, es que nos llevan a que nos pinchen por todos los lados... Nosotros también vamos a pagarle la deuda a Lafayette... cuando todavía debíamos cobrarnos más lo de Maximiliano!...

Del viaje tampoco quiero contarte nada. Íbamos, como ya te dije, acorralados, como rebaños, y, apenas salimos de Sandy Hook y comenzaron los primeros golpes de mar, toda aquella gente que no había visto nunca el agua ni para tomarla, muchos, comenzaron a marearse y vomitar y el asco fue tal que los que no nos mareábamos por el mar teníamos que arrojar por la porquería de todo aquello. No había un lugar limpio en donde sentarse y, para dormir, hubo que echar cubos de agua por dondequiera con el resultado de que la porquería se quedó, pero más abundante, aparte de la humedad.

Sin embargo, las noches eran peor que los días, porque apenas alguien soltaba la primera leyenda sobre los submarinos ya a todos se nos subían los huevos al pescuezo, a pesar de que íbamos rodeados por aquellos buques mosquitos que tan bien protegían los transportes contra los torpedamientos.

A lo mejor, de pronto, sonaban las cornetas y las sirenas y había que precipitarse a los botes, con un frío del carajo, porque al coronel se le había ocurrido un simulacro de naufragio... ¡Me cago en su madre!... Y luego resultaba un problema encontrar el equipo de uno... Y si no se encontraba, corte militar segura...

Por eso, cuando, por fin, arribamos a Francia, aunque sabíamos que allí íbamos a dejar el pellejo y el alma, vimos los cielos abiertos. Quien más quien menos, después de tanto tiempo de abstinencia forzada, recordó con delicia las delicias de las habilidades de las francesas... ¿No te acuerdas de Barracones y Marina?... Allí cogí una gonorrea de «garabatillo» que todavía, con los años que llevo en Arlington, me corre por los huevos como si con ella no fuera lo de la muerte... Te aseguro que este problema de mi gonorrea francesa es lo más que me ha hecho pensar en eso de la inmortalidad de la Francia y en que, efectivamente, yo también le debía algo a Lafayette.[3]

3 Yo, al transcribir, con toda la fidelidad que reclama la historia, estas declaraciones que no dejan de parecerme un tanto cínicas, del Soldado desconocido, comprendo que me escapo de recibir el día menos

Llegados a Francia, la imaginación se nos abrió a todas las especulaciones. Miles de viuditas rubias, finas y cariñosas, nos vieron desfilar con nuestra pestilente marcialidad por las calles de Brest. El recibimiento, teniendo en cuenta las proporciones, fue parecido a la despedida de Nueva York. Solo que allá nos recibían como los héroes que venían a matar más *boches*; a evitarles la violación y a sustituirles los esposos...

Yo, para contribuir a pagar la deuda de Lafayette, *in mente* me propuse un festín de francesitas, acordándome de aquella casa que había tenido con Margot, Lilly, Renée y tantas otras que tan buenas ganancias me dejaron.

Para nuestra desgracia, la cosa estaba en extremo difícil por Los Argones, por Chateau Tierry, por Iprès, y por qué sé yo cuántos lugares, de manera que apenas cruzamos la ciudad nos acorralaron de nuevo en un tren interminable y nos pusieron camino de Chalons. Por los pueblecitos salían viudas y más viudas a saludarnos. Estaban frescas como lechugas, pero nosotros no parábamos en ningún lado. Por fin, llegamos a Chalons y allí nos revistó el mariscal Joffre, gordo, amplio, bigotudo, con más cara de médico de pueblo que de general. Pero lo cierto fue que echó un discurso corto y al final gritó: *¡Vive La France! ¡Vive les États Unis! ¡Vive Lafayette! ¡Vive Washington!* y todo el mundo levantó los rifles y comenzó a gritar, rebuznar y relinchar a más y mejor. Yo, indignado, por el olvido en que se tenía a Cuba, representada por mí, comencé a cantar a todo pecho *La Chambelona*:

Aé... Aé... Aé la Chambelona
Aspiazo me dio botella
y yo voté por Varona.

---

pensado la cruz de la Legión de Honor... Pero el historiador todo lo debe arrostrar por el esclarecimiento de la verdad.

Como mi voz era terriblemente alta, al cabo se hizo notar más de la cuenta y tuve el honor de que el mariscal Joffre se me acercara para preguntarme qué canto era el mío.

El regimiento hizo un silencio mortal. Era para impresionar a cualquiera. Pero yo salí con facilidad del apuro, explicándole que *La Chambelona* era el grito de guerra de los más feroces indios siboneyes, cuyo desayuno consistía en un daiquirí de corazón de español y pólvora de arcabuz. El mariscal Joffre, emocionado por el símbolo sangriento del himno de mi país, recordando que ciertos pueblos salvajes se frotan la nariz en señal de amistad, delante de todo el Ejército primero me besó ambas mejillas a la francesa y luego se frotó ampliamente conmigo la nariz, pensando que este era el saludo que correspondía a las feroces tribus cubanas de *La Chambelona*. El Ejército rugió de entusiasmo ante el gesto democrático del Mariscal de Francia y todavía yo recuerdo las ganas que me entraron de morderle el bigote apestoso de vino que me restregó por la cara...

De la Guerra realmente puedo contarte poco. Cometí el error de contarle al coronel de mi Regimiento, que pertenecía a la Ciencia Cristiana, algunas de las costumbres de los indios «chambeloneros», de los cuales yo descendía. Le aseguré que pensaba encuadernar todos los libros de la Biblioteca nacional de Cuba con pellejo de alemanes como construían mis antepasados sus chozas con huesos de conquistadores españoles, y el coronel se horrorizó. Pensó que los alemanes iban a utilizar para propaganda política mis desafueros, y dispuso que yo pasara a la retaguardia, al sector de Sanidad militar. Allí, asegurando que ningún plato podía ser tan sabroso como una buena nalga de *boche* bien estofada, el jefe se espeluznó por mis instintos antropófagos, y, aunque se habló de licenciarme, me pasaron aún más atrás, a los hospitales, en donde, solo de tarde en tarde, oía el ruido de algún avión que dejaba caer su bombita y que acababa por caer él, envuelto en llamas.

En realidad, el *bluff* me iba salvando de tomar parte verdaderamente en la guerra al paso que, por otro lado, tenía ya mi problema resuelto con las heroicas enfermeras, a las que parece que no les caía mal mi color un poco trigueño y mi forma de feroz guerrero, descendiente del cacique Rigoberto, y la historia de mis sombríos apetitos de carne humana...

Pero la dicha no puede durar mucho en la tierra y al fin caí gloriosamente en los campos de Francia. La guerra es la guerra. Ya tú sabes que vino aquella terrible epidemia de influenza. Bueno, pues yo, aunque fui citado varias veces en la Orden del día, por mi heroísmo en la cura de los enfermos, no pude evitar la enfermedad y, por lo mismo que estaba bien alimentado por mis enfermeras, no pude resistir y morí como un valiente entre espantosos escalofríos y rodeado por las lágrimas de todo el cuerpo de nurses de aquel hospital de convalecientes. Fue algo conmovedor que aún recuerdo.

Pero la guerra es la guerra, como ya te dije, y ni después de muerto puedes considerarte tranquilo. A mí me mataron después de muerto.

Parece que los alemanes se enteraron por su servicio de espionaje que había muerto su más implacable enemigo, y, procediendo con la falta de sentido de caballerosidad innata en ellos, ya que habían sido incapaces de hacerme frente mientras tuve vida, decidieron atacar mi entierro, y cuando iba camino de mi hoyo reglamentario, un Taube cobarde dejó caer una bomba desde considerable altura y no quedó nadie del cortejo. Yo que fui el que mejor parado quedé, me quedé en cueros, sin identificación y con diez o doce huesos de menos. El Taube, alcanzado por una bala perdida, cayó cerca de nosotros. Y, por esta hazaña, fui de nuevo mencionado en la Orden del día, aunque nadie pudo identificarme. Y así terminó mi historia en la Guerra mundial.

Caminando caminando, ya habíamos llegado hasta Riverside Drive y nos acercábamos al monumento erigido a la altura de la calle 125, creo, a la memoria del Soldado desconocido, que estaba cubierto de coronas de flores, y donde iba a pernoctar Hiliodomiro quien no quería irse hasta el día siguiente para su tumba en el Cementerio Nacional de Arlington.

No dejó de extrañarme que el día en que, precisamente, se le hacían más festejos allá, él hubiera abandonado el lugar y le interrogué. Pero parece que tenía otra cosa en la cabeza y me contestó:

—Más adelante te hablaré de ello.

Llegamos al monumento, rematado por un águila que parece en trance de parir, de puro angustiada que está. Hiliodomiro echó un vistazo por los contornos. Solo había una pareja arrinconada que se besaba de la manera más ensimismática, prolongada y penetrantemente posible.

—Aquí podemos hablar porque a esos no los separaría ni el bombardeo de un Taube —comentó Hiliodomiro, siempre con sus imágenes de la guerra.

Debo contarte ahora —de acuerdo con tus preguntas— cómo fue que llegué a Soldado desconocido. Tú sabes que a raíz de la guerra, cuando comenzaron a publicarse las primeras fotografías de aquellos campos enormes de cruces blancas, donde a trechos se veían mujeres vestidas de negro llorando, la conmoción fue tan grande que se hizo necesario hallar un paliativo. Yo, después de muerto, por mi contacto con cierto elemento superior del que ya te hablaré, he adquirido alguna cultura. Por eso, te puedo trasmitir esta observación, que, desde luego, no es mía. La Guerra mundial ha sido la única que no ha tenido héroes... Fíjate que es curioso... Y es lo siguiente. ¿Tú conoces la leyenda de algún buey héroe, que se haya rebelado en el matadero? Pues eso fue lo que pasó. Como la Guerra mundial no fue más que un matadero en donde el heroísmo revistió una forma negativa, una forma que nunca ha tenido: la resignación, la paciencia, la resistencia a sufrir, a rebelarse, es que podemos decir que en ella no hubo héroes... Tú sabes, perfectamente, que el héroe siempre ha sido un impulsivo, un rebelde. Por eso, si acaso, por paradoja, los únicos héroes que tuvo la Guerra mundial fueron los rusos, que fueron los primeros en «rajarse», en negarse a pelear... Bien, pues el caso es que, hasta ahora, el pueblo ha venido tolerando esto de las guerras solo porque se le recompensa con la leyenda de los héroes. Y, efectivamente, en otras guerras ha habido sus héroes, no te lo niego. Tan es así, que te diré que a nosotros estos otros héroes de verdad nos miran con cierto retintín de desprecio que el día menos pensado va a acabar mal... Y por eso es que, a falta de héroes reales, y para compensar al pueblo de la enorme tragedia de esos campos interminables de cruces blancas en que nadie ha hecho nada, algún tipo inteligente, que a lo mejor fue periodista, lanzó la primera piedra de elegir héroes desconocidos para honrar al resto, suponiendo que todos habían sido héroes.

Y hay que reconocer que la idea es ingeniosa y que produjo muy buen efecto, pero la desproporción del premio es tan enorme que tú no sabes los líos que ha traído... ¡Imagínate tú un Soldado desconocido en Verdún!... ¡Hay lo que ustedes llamarían un terrible problema de desempleo entre los soldados desconocidos!...

Pero te voy a contar ya cómo fue que me hicieron Soldado desconocido.

Ya te dije que me mataron después de muerto. Esto, te advierto que ha sido bastante frecuente en la guerra. Es más, hay soldado a quien han matado diez y hasta quince veces, porque la artillería, como habrás visto en la película *Sin novedad en el frente*, no respetaba cementerios ni nada, y cuando tú llevabas ya tu mes de enterrado y creías que todo se estaba tranquilizando y que los gusanos podrían trabajar sin sobresaltos, caía una avalancha de metralla y te destrozaban de nuevo. Más tarde, cuando venía la contraofensiva, allí mismo mataban a los contrarios y a seguidas el entierro en común, la confusión de huesos y quedabas ya, hasta el próximo bombardeo, con un brazo de alemán, la pata de un inglés y la cabeza de un negro sudanés de la infantería. Esto, aunque te parezca raro, ha dado origen a numerosas controversias entre los soldados desconocidos y yo mismo no estoy exento de algunos de estos problemas. La jurisprudencia sentada en el asunto me ha salvado.

El caso es que yo tuve más leche y solo tengo en el cuerpo dos o tres costillas de una *nurse* francesa que era más celosa que el diablo, y por este detalle, cuando escogieron en el Cementerio de Chalons el Soldado desconocido que había de descansar en Arlington, tuve la suerte de parecerles muy completo y armónico a los encargados de la selección. Debo advertirte que se tenía cierto cuidado en seleccionar un Soldado desconocido. Quien más quien menos trataba de comprobar que el soldado en cuestión, por lo menos, pertenecía a su país; asimismo, se rechazaron esqueletos de negros y hasta hubo quien prefirió escoger los lugares donde habían peleado determinados regimientos. Pero, con todo, la realidad es que, en general, somos bastante desconocidos.

Ya, después que fui seleccionado, se contrató una banda militar, un regimiento; el presidente de la República francesa; el general Pershing; el alcalde de Chalons; un grupo de lisiados de la guerra y a las doce del día, con un Sol espléndido, se pronunciaron sobre mi tumba las primeras oraciones fúnebres en elogio de mi desinterés, de mi heroísmo, de mi generosidad sin límites, de mi abnegación por la causa de los pueblos pequeños y de la libertad del mundo. El presidente de Francia dijo que yo era tan excelso como Lafayette; más excelso aún que Lafayette y que yo había unido a través del océano, por mi sacrificio, a los dos pueblos más grandes del mundo, asegurando que mi alma sería recibida triunfalmente por las almas de los inmortales guerreros galos y que, a mi entrada en el cielo de la gloria, Napoleón Bonaparte se quitaría su tricornio para saludar mi paso, mientras me presentaría armas un regimiento todo formado por mariscales de la Francia... Cuando dijo esto, te confieso que sentí un escalofrío de emoción. Todo el que estaba presente lloró. Los cañones ladraron como gigantescos perros. Las banderas arrastraron sus pliegues sobre mi tumba. Los rifles de los soldados se pusieron a la funerala. Te aseguro que jamás en la vida he presenciado nada comparable... Ni los arrollaos de Santiago se le pueden comparar... Después uno, como a todo, se va acostumbrando, pero al principio estos actos son terribles. Te aseguro que los huesos se me arrugaban de emoción...

Después del presidente de Francia, habló un general inglés quien con gran solemnidad dijo que el pueblo americano era hijo del pueblo inglés y que él sentía que en aquel acto, al honrárseme a mí, se honraba a toda Inglaterra. Un ministro español, que el día antes había asistido al desenterramiento del Soldado desconocido alemán, rabiaba por hablar y lamentaba que España no hubiera tomado parte en la guerra, en la seguridad de que ese argumento de los pueblos hijos y los pueblos madres lo hubiera él «movido» con más dramaticidad que el inglés. Pero el protocolo lo obligó a callarse, y se limitó a movilizar su dedo índice, como quien dice «ha dado en el clavo». Yo, por mi parte, al sentirme reconocido como un hijo del pueblo inglés, recordé la toma de La Habana por los ingleses y supuse que a lo mejor mi sexto abuelo fue muerto, ignominiosamente, en algunas de las emboscadas tendidas por Pepe Antonio, el héroe de Guanabacoa.

Mas todo acaba, hasta los discursos fúnebres, y el general Pershing con el sentido americano de que *time is money*, pronunció su discurso con toda brevedad y con la secular falta de talento que se le reconoce universalmente desde la pateadura que le dio Pancho Villa. Dijo que agradecía el homenaje que se rendía al pueblo americano, que era el que había ganado la guerra en realidad, y que así como él había tratado de civilizar a México, también había venido a Europa a poner un poco de orden; que gracias a las ideas del presidente Wilson los pueblos pequeños disfrutarían de libertad y que, gracias a mi sacrificio, se había vencido en Chateau Tierry. Dijo, por último, que el pueblo americano me pondría en el mismo plano que a Lincoln, Edison y Ford, porque yo representaba el esfuerzo por conquistar el record de la inmortalidad al menor tiempo posible. Y que, sin duda, yo descendía de los peregrinos del «Mayflower»...

Y me metieron en una caja de hierro, como si yo fuera un tesoro; me encaramaron en un armón y entre himnos y banderas me llevaron para el tren. Las flores me caían desde los aeroplanos y, de vez en cuando, me estremecía temiendo un bombardeo. Por fin, llegamos al barco y te aseguro que vi los cielos abiertos cuando el barco se alejó y se fueron perdiendo las últimas marsellesas y los últimos discursos... Pero, con todo, no pude dormir tranquilo en toda la travesía, porque uno de los soldados de la «guardia de honor» se la pasó aprendiendo a tocar *La Marsellesa* en una filarmónica... Y, desde entonces, le cogí tal odio a los himnos, que en cuanto hay alguna fiesta, como pueda, me escapo de Arlington...

## II

Hablando y hablando se nos había hecho muy tarde. Los dos amantes seguían «haciendo un silencioso trabajo nocturno de alambradas» —según expresión de Hiliodomiro— y acaso todavía continúen en el mismo, pero nosotros tuvimos que separarnos, no sin que antes el Soldado desconocido me invitara a pasarme un *weekend* en el Cementerio de Arlington para conocer el resto de sus aventuras. Yo cogí a lo largo de Riverside y él, como en una representación de *Don Juan Tenorio*, pero a la inversa, se fue introduciendo en el mármol del monumento, tan sutilmente como una neblina que se diluía.

Y al primer *weekend* que tuve libre —que han sido todos los de mi estancia en este país— me fui hasta Washington, para visitar el Cementerio nacional, pero, en el fondo, con la duda prendida de si, efectivamente, se me aparecería de nuevo el Soldado desconocido.

Llegué, según me había indicado Hiliodomiro, al atardecer, a la hora en que se hace el último cambio de guardia hasta la madrugada, y cuando el soldado que había sido relevado se alejó, me acerqué a su relevo, quien me presentó el arma, y ante mi más profunda estupefacción, en un cómico español chapurreado, me dijo:

—¡Carajo, Pablo, chico, Hiliodomiro te está esperando a ti!... —y, con la misma, me dio un afectuoso palmetón en los hombros, como si me conociera.

Inmediatamente, sin embargo, mi estupefacción cambió de motivo, cuando una tenue bruma se fue condensando alrededor del monumento, adquiriendo, a poco, ese aspecto lácteo y denso de las fotografías del ectoplasma. Poco después, todo cobró forma y voz y ya no me cupo duda ninguna de que Hiliodomiro del Sol, *Habanero*, famoso parrandero de Santiago de Cuba, era el auténtico Soldado desconocido de Arlington. De paso, comprobé que el espiritismo es una realidad y, al efecto, Hiliodomiro, con la videncia innata en los espíritus, según ya dije, me advirtió:

—Ya ves. Soy una realidad. Soy, luego existo, como dice todavía mi amigo Renato... Descartes, quiero decir, sabes, pero nos tuteamos, porque le he caído bien ¡y de vez en cuando le gusta su toque de Bacardí! Y que no se te ocurra en tu libro hacer ninguna alusión despectiva al espiritismo, porque entonces le vas a quitar verosimilitud a todo esto y voy a tener que presentarme en todos los «centros» como Juan Bruno Zayas para dar fe de la realidad...

Enseguida se puso a hablar, mitad en inglés mitad en español, con el soldado, que entre risas sacó de no sé dónde, una botella de ron Bacardí, y nos dimos un trago para entrar en calor, porque ya las nochecitas se estaban poniendo frescas.

—Este —me dijo Hiliodomiro refiriéndose al soldado— es el gran cabrón... Nos llevamos muy bien y todas la noches o charlamos, o nos vamos de parranda por ahí, o se va él solo y así no tiene que estarse pasando el tiempo marcha que te marcha delante de este monumento estúpido y pesado... Yo tengo influencia bastante para que lo dejen siempre con este trabajo y así, aun cuando venga la guerra, pues se libra de ser un Soldado desconocido, como yo, y verse obligado a estar de retén *ad perpetuam*, como dice Santo Tomás de Aquino, que es un coñón de mil demonios...

Porque no te quiero decir lo terrible que es estar fijo de posta en un solo lugar toda la vida... O toda la muerte, como tú quieras... ¡Tú no sabes las ganas que tengo de ir a pasarme unos carnavales a Santiago!... Pero me es por completo imposible... Las obligaciones de mi cargo me lo impiden en lo absoluto. ¡Y gracias que yo he sabido «trabajar» al tipo este y puedo pasar mis noches por ahí!...

Mi silencio interrogativo fue suficiente para que Hiliodomiro comprendiera y se extendiese en las consideraciones necesarias.

—Te voy a explicar —me dijo—. No pienses que es una «botella» lo que tengo. Nosotros, los soldados desconocidos, tenemos un trabajo muy intenso que realizar.

Debes saber que, al principio, no hacíamos nada más que recibir honores; mas cuando se generalizó esta idea de honrar a los héroes anónimos, la avalancha fue tal que hubo que poner un poco de orden y hacer una especie de Liga de las naciones lo suficientemente elástica para ir culipandeando entre tantas protestas y limar asperezas, como dicen todos los diplomáticos, vivos y muertos.

Como comprenderás, se formó un Consejo supremo de la liga, atendiendo a las categorías, y yo, como Soldado desconocido de Arlington, entré a formar parte del mismo. Inmediatamente, surgieron las envidias y los insultos y los ataques. Los otros soldados desconocidos de este país rechazaron, indignados, la idea de que yo, un mulato, y cubano además, un *spanish* como ellos dicen despectivamente, fuese quien los representase. Pero yo me defendí con la elocuencia de un candidato a senador, y a uno le dije: Si usted es judío ¿a qué viene a decirme que soy extranjero? A otro: Si usted es alemán y no yanqui, y, en realidad no ha sido más que un traidor, ¿a qué viene a combatirme? A otro más: Si usted es un italiano que debió irse a pelear tres años antes, ¿a qué viene a protestar?... Y así, uno por uno, fui rechazando soldados desconocidos americanos, húngaros, rusos, franceses, polacos y hasta filandeses... Solo quedaba uno que, por casualidad, era realmente americano, y para más señas, de Boston, graduado de Harvard y descendiente de los peregrinos del «Mayflower», pero el pobre era tan estúpido e hipócrita que como el día de la asamblea caía domingo, temía asistir a ella, para cumplir con las Leyes Azules de Massachusetts, y al fin fui acatado por la gran mayoría. Esto aparte, desde luego, de la declaración del Soldado desconocido inglés, quien, pensando que, por no tener yo muchas simpatías por los yanquis, sería un buen aliado suyo en el Consejo de la liga, afirmó que solo me reconocería a mí, oído lo cual por los americanos y temiendo una nueva cuchufleta de Bernard Shaw, se apresuraron a ratificarme en el puesto.

Yo solo te cuento lo mío, porque no me gusta chismear. Esto que te voy a contar es solo para ti, desde luego... (El soldado de posta ya se había dormido, después del décimo trago.) Mira, lo que pasó conmigo, pasó con todos más o menos. Con el inglés no. Ese sí es inglés legítimo. Esa gente todo lo prevén y, por eso, aunque dicen que lo recogieron en Iprès, la realidad es que nunca estuvo en Francia, porque los encargados de hacer su selección, para no incurrir en errores, dirigidos por el Ministerio de la guerra, enterraron antes a un miembro de la Cámara de los Lores, y a ese fue al que le hicieron los honores... Sí, porque ellos pensaban con muy buen juicio, que a la Guerra solo habían mandado a toda la canalla de los barrios bajos de Londres, o a irlandeses que no podían ver a Inglaterra, o escoceses de quienes ellos se burlaban... Sin contar, claro está, a los indios y negros y canadienses y australianos, que bastante honor habían recibido ya con habérseles permitido morir por Inglaterra... En cuanto al soldado italiano, resultó ser un tirolés y el pobre, en realidad, no sabía si era italiano o austríaco, por lo que el soldado inglés lo rechazó enérgicamente y, contando con mi apoyo —no te negaré que entonces tenía yo mis prejuicios raciales— impuso a un negro de Trípoli que no podía ver a los italianos... El soldado francés resultó ser francés, pero por casualidad. Para comprobarlo, no hubo más que tocarle *La Marsellesa*, y aunque el pobre había sido un modesto y pacífico boticario de Lyon, apenas escuchó los acordes de *La Marsellesa*, su rostro se puso tan feroz que parecía un antiguo galo... No hubo duda ninguna... No te ocupes, para los franceses *La Marsellesa* es como para los cubanos *La Chambelona* o para los mexicanos *La Cucaracha*... En cuanto al soldado ruso, después de lo de Kerenski, se nos pasó a los bolcheviques y allá está en la Plaza Roja, en Moscú...

Pero no te he contado lo mejor. Lo que nos ocurrió con el soldado alemán. Esto sí fue fenomenal... Yo no sé, a esta gente con tantos cálculos y tantos estudios, siempre les coge la noche, igual que a nosotros los negros... Nosotros, no, qué carajo, que yo no soy negro... que estoy bien «adelantao»... Pues el caso fue, según hemos averiguado, que los alemanes, para perfeccionarle la obra a los ingleses, escogieron una comisión de antropólogos eminentísimos, que dictaminaron cuál era el arquetipo del alemán entre una montaña de huesos... Y verás lo cómico: escogiendo un cráneo aquí, una clavícula allá; un fémur en un lado y un hioides por otro, con un talento maravilloso completaron los quinientos y pico de huesos que tiene el esqueleto humano, según me ha contado mi amigo Ambrosio Paré, con tal precisión y exactitud milagrosa que todos correspondieron, efectivamente, a un solo individuo, con sus mismas muelas, colmillos y dientes, inclusive uno que tenía medio picado... Es algo para pasmar a cualquiera, te lo aseguro. Puesto en su ataúd, «armado» como suele decirse, el hombre tenía seis pies, era calvo, robusto, barrigón (claro esto se desprendía de la configuración de las costillas, ¿tú entiendes, no?). En fin, ¡era tan alemán aquel esqueleto que parecía que estaba bebiendo cerveza!... Bien, pues lo enterraron y lo desenterraron de nuevo y entre músicas van y vienen, *Deutschland uber Alles*, estampidos de cañón, taconeos de infantería prusiana y coros de miles de voces, fue enterrado bajo el Arco de la Avenida de los Tilos, le encendieron su lamparita para todos los siglos venideros y a reposar se ha dicho, siempre bajo una montaña de rosas.

Pero, resultó, chico, lo inaudito, lo increíble, lo que debía ocurrirle a cualquiera menos a unos científicos alemanes... Resultó que el alemán reconstruido no era alemán... Y no solo no era alemán, sino que era francés, francés del Rosellón, cerca de España, y que era un misionero pacifista, que la guerra le había sorprendido en París con el encargo de ir hasta el Tíbet...

Y sucedió lo natural. El hombre, francés y pacifista, al verse objeto de tantos homenajes en Berlín, casi al terminar la horrenda carnicería de la guerra, sufrió una conmoción tan terrible, se emocionó de tal manera ante semejante transformación de la especie humana, que loco acaso, delirante de alegría, salió de su tumba, abrazó al soldado alemán que lo custodiaba, y que quedó medio muerto de espanto, y se lanzó, sin conocer a Berlín y sin saber alemán, en busca del primer Centro Espiritista en que poder manifestarse, sin presentarse antes, como era su obligación, al Comité central de almas. Al fin lo encontró. Otros espíritus estaban hablando y se puso en fila para coger su turno. Él solo entendía lo de «*la France*» que citaban tanto, y casi se derretía de amor por el pueblo alemán. Pero cuando él habló todo se desencadenó. Como era de esperarse, todos aquellos alemanes allí presentes, vivos y muertos, eran políglotas y entendieron a la perfección sus confesiones. Confesó que era francés, misionero pacifista francés, que la guerra lo cogió en París y que no había tenido más remedio que matar a bayonetazos ni sabía cuántos *boches*; que, al fin, fue hecho prisionero y entonces, internado en un campamento de prisioneros en Alemania, había concebido el proyecto de fugarse, vistiéndose de soldado alemán, y huir, atravesando toda Polonia y Rusia, para comenzar en el Tíbet la misión pacifista que se le había encargado y civilizar un poco aquellas gentes feroces... Confesó que ante su proyecto no pensó en dificultades y, venciendo escrúpulos, asesinó una noche al centinela para encasquetarse su uniforme, pasó a terreno libre y, como no sabía alemán, se fingió mudo. Por fin, cuando ya estaba a punto de dejar a Prusia para comenzar su odisea al Tíbet, fue identificado y, previo al trato correspondiente, fusilado en el acto, dejándose para más tarde el Consejo de guerra necesario. Su fusilamiento fue tan rápido que le dejaron el uniforme alemán, y así le echaron unas cuantas paletadas de tierra encima. Después, una tarde, pasando un convoy de artillería por los alrededores, hizo explosión una caja de dinamita, explotaron otras consecutivamente, y todos los huesos salieron a danzar... De entre todos los cementerios alemanes, por haber sido este el más protegido contra la barbarie, fue el escogido para seleccionar al alemán arquetipo, fuera o no soldado... Y, al ver los homenajes que después de su muerte se le rendían, a pesar de ser francés y a pesar de ser pacifista, no podía menos que dar las gracias...

Apenas pudo terminar su discurso. Bismarck, que estaba presente en espíritu, lo abofeteó; el conde Von Moltke, ordenó su fusilamiento inmediato por segunda vez; Federico el Grande soltó tres carajos, en alemán, por supuesto; Schopenhauer bufó contra todas las mujeres, causantes de todas las guerras desde Helena de Troya hasta la madre del kaiser, por haberlo parido; Goethe con su orgullo de siempre se había negado a asistir a una reunión tan plebeya y vino a resolver el problema el barón de Humboldt quien dijo, con docta palabra, que, ante todo, había que salvar a la ciencia alemana y que no se podía desacreditar la antropología alemana por un error tan enorme, por lo que la mejor solución era nacionalizar a aquel francés, porque, al cabo, él siempre había sido partidario de la unión universal... Su idea de salvar, ante todo, la ciencia alemana, prevaleció inmediatamente y el misionero pacifista francés fue naturalizado en Postdam, en Prusia, creo. Asimismo, se tomó el acuerdo de enviar a los antropólogos que habían hecho la selección, a realizar estudios por veinticinco años más a la Universidad de Jena...

Y, ahí tienes tú, por qué el Soldado inglés —concluyó Hiliodomiro— no puso reparos ningunos a este Soldado alemán, a pesar de ser francés, porque este, por ser pacifista en el fondo, si se consigue que no le toquen *La Marsellesa*, irá acostumbrándose a todo, y ni defenderá a Alemania, porque no le interesa, ni se ocupará de otra cosa que de su frustrada misión de pacificar al Tíbet...

## III

Parece mentira. Hasta cuando se está hablando con muertos, el tiempo no deja de caminar. Para mí, fue un asombro el comprobar que el alba se acercaba a lentos pero inevitables pasos, mientras Hiliodomiro hablaba sin parar. Aun, para él mismo, fue una contrariedad aquello. Como buen muerto, tenía que descansar forzosamente durante el día. Mas se conoce que me había tomado verdadera simpatía, pues por su cuenta resolvió el problema y me citó para la noche siguiente, lo que me produjo mucha alegría, ya que me había ido interesando cada vez más en sus relatos y quería que me puntualizara varios detalles.

Por ello, no falté a la cita y, apenas caída la tarde, ya estaba yo en Arlington, de donde a poco salí del brazo de Hiliodomiro para irnos a dar unos tragos por alguna barra cercana.

No me fue difícil traer la conversación al terreno deseado. Había barruntos de guerra entre Rusia y Japón, como siempre, y, además, Italia amenazaba con invadir Etiopía, y, como quiera que Hiliodomiro era, a la vez militar y diplomático, comprendí que el tema le interesaría. Habló enseguida. Pero yo prefiero colocar aquí, todas las aclaraciones que me hizo, al final de la noche, ya medio borracho, y que pudiéramos considerar como biografías de varios soldados desconocidos. Porque yo tenía curiosidad vivísima porque me aclarase algunos puntos que había dejado incompletos.

—Es claro —me dijo— lo que pasó conmigo entre los soldados desconocidos americanos, ha ocurrido, más o menos, con todos los demás. Es más —continuó— y esto es ya un verdadero secreto que solo te confío porque tú eres paisano, hay casos en que el primitivo Soldado desconocido ha sido desplazado por las intrigas y las maniobras y, actualmente, hay otro en su lugar. El caso a que me refiero es el de Alemania. Tú verás lo que pasó:

Ya te conté cómo, para «salvar la ciencia alemana» Humboldt había conseguido que se dejara de Soldado desconocido alemán a un ventrudo pacifista francés. Viejo, tenemos que comprender que, en realidad, esto era demasiado para Alemania. Date cuenta: pacifista y francés. Era demasiado. Y, por eso, a la primera oportunidad, sucedió lo que tenía que suceder. Se apareció un Soldado desconocido con un poco de demagogia y nos derribó al pacifista que según creo, anda ahora, al cabo, por el Tíbet, tratando de cumplir su misión.

Todas estas intrigas nos han hecho mucho daño y han contribuido a desprestigiar nuestra organización. Porque te advierto una cosa: este nuevo Soldado desconocido alemán no vale más que el otro. Al contrario. Se trata de una verdadera rata. Con decirte que es un perfecto maricón ya está dicho todo. Imagínate que hemos investigado rigurosamente sus orígenes y resulta que, antes de la guerra, era maestro de escuela de aquellos que estimulaban a los jóvenes para ir al combate y a las trincheras, pero cuando le llegó su turno, desapareció misteriosamente de su pueblo y más nada se supo de él por mucho tiempo. Luego, fingiéndose el inválido, como si ya hubiera regresado del servicio, se aprovechaba de la hipótesis, y vistiendo el uniforme de alguna víctima a quién había robado o matado, disfrutaba de todos los beneficios del héroe sin ninguno de sus inconvenientes. No sé, a derechas, por qué causa fue identificado, y entonces sí que se portó como un valiente. Su persecución fue feroz y tenaz y, por último, rodeado por todas partes, desapareció en el interior de una fábrica de cerveza. Se rodeó el edificio y se hizo un registro cabal. Nada. De veras, se lo había tragado la tierra. En realidad, no era esto propiamente dicho. En realidad, se lo había tragado pues a los dos días ya no pudo aguantar más la debilidad y salió dentro de un enorme tonel, chorreando cerveza por todos lados. Parecía que se meaba por todos los poros... Capturado al fin, y temblando de miedo y de frío, confesó de plano su terror a la guerra y al frente. Naturalmente, fue enviado al frente y murió en la retaguardia de disentería incontenible. Sobre su cementerio hubo un furioso combate de infantería y de ahí que, en aquel lugar, se escogiese un Soldado desconocido.

Todos estos datos han sido obtenidos por nuestra Sección de investigación y se han comprobado con retratos, fechas, huellas digitales, etc., y el Soldado desconocido inglés los conserva para esgrimirlos a la primera coyuntura favorable (porque como tú sabes estos ingleses no hacen nada sino es al seguro o a la desesperada) pero, por lo pronto, el estado de ánimo de los soldados desconocidos alemanes, está con él: «la masa», como dicen ustedes, lo apoya, porque, como maestro que era, se sabía unos cuantos «discos» de historia, y les habló de los antiguos guerreros germanos del Walhalla, y de Federico el Grande, y de la vergüenza de que un pacifista, y francés por añadidura, fuera el representante de ellos. Imagínate, con esto, y con las ganas que tenía el pacifista francés de mandar a Alemania para el carajo y seguir su viaje hacia el Tíbet, no le resultó difícil conseguir sus objetivos. Y hubo que admitirlo en el Consejo supremo y contemporizar con él. Aunque nos desacreditaba a todos y sus aires de afeminado —porque parece mentira, esto, ni con la muerte se pierde— ha provocado más de un disgusto serio, particularmente con cierto grupo de antiguos guerreros. Inclusive alemanes...

—Bueno, ¿y el Soldado desconocido italiano? —le pregunté.

—Mira —me contestó—, ya te conté lo que pasó al principio. Fue seleccionado un soldado tirolés, que, en realidad, no sabía si era austríaco o italiano. Era un perfecto imbécil, el pobre. Cuando Austria entró en la guerra cruzó la frontera y se declaró italiano. Y de allí no pudo escapar cuando Italia entró en guerra. Y tuvo una suerte negra. Apenas llegado al frente, como para entrenarlo le habían metido una de marchas forzadas y de escalamientos de montañas, el infeliz estaba agotado al extremo, y la primera noche que entró en servicio de vigilancia, de puro cansancio se quedó dormido y cuando vino a abrir los ojos tenía dos cuartas de bayoneta en la barriga. Una avanzadilla austríaca lo había sorprendido. Mas un perro que lo acompañaba en la posta, tuvo tiempo de ladrar con furia y esto despertó a varios; se generalizó el tiroteo, y, aunque al principio los austríacos, con la ventaja de la sorpresa, llevaron la mejor parte, los italianos, estratégicamente protegidos por la altura, al cabo pudieron retirarse sin mucho desorden, dejando solo unas 20.000 víctimas en aquella acción de los Alpes, que fue el comienzo de una terrible ofensiva austríaca. Después de la guerra, se reconoció que allí había habido un héroe, y, al lado del cadáver del perro, se halló el de un soldado clavado a la tierra, por una bayoneta. No cupo duda alguna de que este había sido el verdadero héroe de la acción. Y se le eligió.

Pero, como ya te dije, este resultó ser un aldeano estúpido, que se envaneció demasiado con su inesperada elevación, y el inglés se las arregló para obtener que fuera un soldado tripolitano, que odiaba a Italia, quien la representara. Además, debo advertirte que este soldado tripolitano era un tipo del demonio, con su buena punta de ladrón y negociante. Se robaba ciertos productos muy necesitados por los soldados y una vez, huroneando en la botica de un hospital de sangre, ingirió precipitadamente qué sé yo qué líquido, creo que permanganato, estirando la pata. El médico certificó su muerte como consecuencia de los gases.

Y en esto le pasó al inglés como con el Soldado desconocido alemán, que al fin y al cabo fue destituido. Yo no sé —Hiliodomiro se puso a monologar— pero hay veces que parece que al inglés «se le está yendo el santo al cielo», como decimos en Cuba. Porque ha querido apretar tanto y dominar tanto, que ha enseñado a bandoleros a muchos y se le está virando la tortilla por dondequiera. Él pudo ser más inteligente en estos casos. Pero la ambición rompe el saco, no te ocupes. El caso es que un día se apareció un italiano y derribó al tripolitano casi de la misma manera utilizada por el alemán. Indiscutiblemente, hay que reconocer que tiene condiciones el muy cabrón. Figúrate, como italiano al fin, era medio cantante, barítono de ópera ambulante, sin «escuela», como dicen los periodistas críticos de música, pero con mucho torrente de voz; además, había sido saltimbanqui de circo y había aprendido un poco de magia y transformismo, y, desde luego, sabía todos esos cuentos de César y las legiones romanas. Y hablaba que parecía que estaba representando *Aída* o *La fuerza del destino*... Pues este tipo tanto dio con sus historias y sus maromas y sus discursos, que un día ya los soldados desconocidos italianos no pudieron más, y recordando que una vez «Roma la eterna», como él decía, se había sacudido la sarna de Aníbal, se sacudieron al tripolitano y fue exaltado el nuevo héroe que, por sus condiciones, durante la guerra había sido el cómico del regimiento, y había hecho las delicias de los soldados, ora cantando *Torna a Sorrento*, ora sacando conejos de la gorra de un oficial, ora dando saltos mortales. Además, había tenido una muerte gloriosa: en una ocasión, estando en una trinchera, habiendo hecho una apuesta de que se zafaría de cualquier amarre dentro de un corto tiempo determinado, los austríacos asaltaron la trinchera por sorpresa, y por rápido que anduvo, a fuerza de tiros y de bayonetas fue como le cortaron las ligaduras que tenía con la vida. Por eso, al encontrar su esqueleto, envuelto en sogas, se le supuso martirizado por el enemigo. Y esto contribuyó no poco a aumentar su prestigio, no te creas.

Yo tenía verdaderos deseos de oírle hablar sobre sus colegas el inglés y el francés y así fue que le pregunté sobre ellos. Hiliodomiro me habló con gran admiración del inglés.

—Es un pícaro redomado —me dijo—. Ya te expliqué que de la guerra se enteró por los periódicos. Es un miembro de la Cámara de los Lores, de aquellos que al principio de la conflagración —que es como se decía entonces— se inscribieron de voluntarios, siguiendo el ejemplo del príncipe de Gales y de otros duques, con el fin de impresionar a «la canalla», como ellos dicen. Y no te creas, hasta se llegaron a poner uniformes de coroneles, y aun, hasta desfilaron por las calles de Londres, Edimburgo y Dublín, sonando gaitas y con sayas escocesas, con todos los pelos al aire. Pero tú figúrate. Para ser miembro de la Cámara de los Lores e ir a la guerra es necesario estar loco. Y, si se es loco, no se puede ser miembro de la Cámara de los Lores. Por eso, lo que hacían todos estos condenados, como le cogían el gusto a los uniformes, porque era un «gancho» tremendo con las mujeres, era incorporarse a los «servicios especiales», en donde se llenaron de cruces el pecho. Este, por ejemplo, era un especialista de vuelos a Francia, a donde lo conducía un famoso piloto, trayendo y llevando mensajes sobre la llegada de más soldados canadienses, australianos, indios, irlandeses y escoceses y alguno que otro inglés, y la necesidad de que siguieran remitiendo contingentes a los sectores de Iprès y del Somme.

Por estos servicios recibió la Cruz de la Legión de honor y el Cordón de san Jorge, la más alta condecoración inglesa, aparte de otras numerosas insignias y condecoraciones de todos los países aliados. Con esto de las cruces, como habrás observado, ocurre que tan pronto le conceden una a determinado individuo, todas la otras vienen por su peso. Y, por eso, no existe aún el hombre que tenga una cruz. Naturalmente, alto, buen tipo, noble y héroe reconocido por varios países, le sucedió lo natural durante un periodo en que un hombre se cotizaba a alto precio: las mujeres acabaron con él. Y que caiga la culpa de su muerte sobre las mujeres francesas e inglesas a partes iguales. Aconteció el funesto desenlace una tarde reverberante. Mientras en el Somme morían las tropas inglesas triunfalmente a montones, rodeado de francesas e inglesas que se miraban sin compasión porque para ellas la guerra había terminado con la muerte de él, como si una explosión de granada le hubiera destrozado el pecho, murió el héroe inglés, echando esputos por la boca. No tuvo tiempo de ver en el periódico su nombre a todo título, junto al de la victoria que inició la ofensiva inglesa.

En realidad, aunque toda Inglaterra lo sabe y está satisfecha con ello, lo cierto es que vino a parar en Soldado desconocido por una intriga de sus mujeres, por celos entre ellas. Una inglesa, mujer del ministro de la guerra, y a la que él no había hecho demasiado caso en gracia a la poca cantidad de curvas de que disponía la pobre, y también, por la preferencia insultante que le dio a una famosa querida del embajador de Francia, al enterarse de que se iba a crear un Soldado desconocido inglés, en parte para insultar la memoria de su despreciador y en parte, principalmente, para ofender a su triunfante rival, la francesa del embajador, se las arregló de manera que el esqueleto del Lord desapareciera misteriosamente y, previamente depositado *ad hoc*, resultara el escogido para Soldado desconocido. Ella, desde luego, como por su marido sabía que este homenaje era una cosa puramente artificial, pensó que, a la larga, carecía de importancia tal maniobra y que, pasados los años, todo el mundo se habría olvidado del Soldado desconocido. Ella se dijo: A tipo tan pretencioso, nada le molestará tanto como el que se le haga pasar por «desconocido». Y, encantada de su habilidad, todo lo dispuso para que la francesita se enterara, haciéndola rabiar hasta la desesperación.

Pero nunca sabe uno cuando siembra para el vecino. El negocio este de los soldados desconocidos, inesperadamente se convirtió en uno de los *rackets* más grandes de la posguerra. Los escultores hicieron su agosto. Los poetas y los novelistas fueron laureados. Y, hasta los pintores ingleses, reconocidos como los peores del mundo, desesperadamente buscaron en él la inspiración. Las canteras de Italia han estado a punto de agotarse. Y, como los reyes, los presidentes y ministros siempre prefieren retratarse al lado de un majestuoso monumento que puede darles realce, tomaron la costumbre de acudir a los homenajes al Monumento del Soldado desconocido, y de ahí la importancia que estos han llegado a tener para la prensa gráfica, y, por tanto, para el público.

En consecuencia, la maniobra de la ministra inglesa se desmoronó. En realidad, esto ha sido un fracaso más de la diplomacia británica. El Lord, que ya estaría medio olvidado como tal Lord, es universalmente conocido como el Soldado desconocido inglés. Y la francesa del embajador, ni se sabe el prestigio que ha ganado, los contratos que ha obtenido para los mejores cabarets de Europa y los queridos regios que ha disfrutado. Todavía, vieja y todo, es terrible... No descansa la muy puta. En cambio, la inglesa, despreciada por todos, incluso por su marido, no tuvo otro recurso que crear una especie de Ejército de salvación y despedirse para siempre de toda aventura publicable.

Puesto a averiguar —el vicio del periodismo me ha tornado incansable—, y así, aunque ya era muy tarde, no quise dejar pasar la noche sin que me contara algo sobre el Soldado desconocido francés. Y, como, por otra parte, tenía ganas de oír la historia de un verdadero héroe, le interrogué:

—Bien, y ¿a qué debió su cargo el Soldado desconocido de Francia?

Hiliodomiro estaba complaciente, y, además, como ya dije, un poco alcohólico. Fue una cosa fácil el seguir charlando con él. Mejor dicho, conseguir que siguiera dando palique.

Hiliodomiro comenzó con un tono de admiración:

—Pues ese, chico, te diré que es un tipo raro. Como te dije, es un boticario de Burdeos que tiene un rostro pacífico y que hasta parece un poco aguantón. Y en realidad lo es. Pero tiene un defecto gravísimo: en cuanto le tocan *La Marsellesa*, ya no puede contenerse. Le produce un efecto fulminante y terrible. El rostro se le transforma. Los mostachos se le erizan. Y mira hacia todos lados con ánimo insolente y bravío. Mas lo curioso es toda su vida. Parece que, allá en Burdeos, entre receta y receta, el hombre leía sus libros de historia y sus versos. Allá bajo el Arco de Triunfo, tiene su biblioteca, con libros de Lamartine, Víctor Hugo y una pandilla más. Tantas lecturas dicen que acabaron por crearle una doble personalidad, y aunque el hombre era pacífico, y cuarentón, y con su ya discreta barriga, pues le entraban rachas, y a veces le daba por escribir versos y otras por irse de cacería, «matar *boches*» como le decía a ir a tirar sobre los conejos y las perdices. La Revolución francesa lo había vuelto loco. Para él, Napoleón; después, los mariscales de la

Francia; después, Víctor Hugo, después, Lamartine: luego, los galos. Y todo así. El mundo entero giraba alrededor de la Francia, si es que quería girar. Y toda la historia alrededor de la Revolución francesa. Su gran amargura era la Guerra franco-prusiana. Y por eso, algunos domingos, se iba a matar liebres y pájaros, *boches*...

Pero ya tú sabes como son estos hombres imaginativos. Pura musaraña todo, por supuesto. En realidad, era un honesto boticario bien querido por todos sus vecinos.

Cuando vino la declaración de guerra, ya, con tanta alarma por los periódicos, su sistema nervioso estaba en crisis. En Burdeos la movilización lo exasperó. Corrió a inscribirse; por de pronto, no le tocaba. Sin embargo, su caso se tomó como un pretexto de propaganda y salió retratado en los periódicos: primera mención en la Orden del día, de hecho. Las primeras derrotas lo pusieron furioso; y cuando el avance alemán hizo casi necesario el traslado del gobierno a Burdeos, sintió casi un alivio pensando en la muerte heroica que iba a encontrar en el sitio. «Siempre el sur ha salvado la Francia», decía, y recordaba la marcha de los marselleses sobre París. Por las noches, su imaginación no descansaba. En un sueño, puñal en mano, entró hasta la cámara del kaiser y allí lo había acribillado y luego, dando un grito de *¡Vive la France!* se clavó el puñal en el corazón. El grito y el puñetazo, claro está que lo despertaron, y pudo ver a su infeliz mujer llorando en un rincón. Colérico, la increpó con dureza: «¿De dónde eres tú, entonces? ¡Tú no eres francesa!» Otro día, dormido también, él había sido el salvador de Burdeos. Su estatua se levantaba a la entrada de la ciudad. Por la noche, había logrado pasar las líneas francesas. Al llegar a las líneas alemanas, haciéndose el muerto, esperó el paso de alguna ronda nocturna. El cañoneo regulaba los minutos, como sucede muchas veces en estos combates. Un obús estalló cerca e hizo un gran hoyo. La suerte lo favorecía. Se refugió en él. A poco pasó una cuadrilla de reconocimiento alemana. Un oficial venía con ella. Todos fueron deslizándose y, al quedarse solo, el oficial tropezó con él. Le dio una patada y se hizo el herido. Entonces el oficial se agachó para reconocerlo y registrarlo y le pegó un balazo en el corazón. Inmediatamente, se puso su ropa y, como sabía alemán, pudo entrar sin dificultad en la primera línea de trincheras. De ahí pasó a atrás y, llegando hasta las líneas de la artillería alemana, hizo estallar, volando él también, por supuesto, la gran batería de artillería pesada que venía destruyendo a Burdeos. Todo el estado mayor alemán desapareció. El pánico fue enorme. La infantería francesa realizó un asalto incontenible y ya no pararon los alemanes hasta el Rhin. Poco después, registrando el campo, se encontró su carnet que decía simplemente: «¡Muero por salvar a Burdeos! *¡Vive la France!...*» Y así eran todos sus sueños. Hubiera parado en loco de remate si, por fin, a fuerza de reveses, Francia no hubiera necesitado, y urgentemente, toda su reserva militar. Fue llamado al servicio activo, y cruzó por todo Burdeos, con cara ya de matador de *boches*, con su rifle al hombro, y, en la mochila, los cuatro tomos de Michelet, *Historia de la Revolución francesa*, para leérselos a los soldados en las trincheras, «porque el espíritu necesita alimento en las horas de desaliento», decía. Su alegría era realmente frenética y en los desfiles, tan pronto sonaba *La Marsellesa*, se ponía ora rígido, imponente, ora arrebatado y sublime.

Sin embargo, en cuanto llegó el regimiento a los campos atrincherados, como era boticario, lo pasaron al servicio de hospitales. A poco lo mata la rabia. Se volvió terriblemente sombrío. Con un cubo de yodo, inclemente, desfilaba por entre las camas, dando brochazos terribles a todos sus heridos. Sus lamentos y sus relatos de los combates lo desesperaban; pero el deber era el deber. Y seguía dando brochazos de yodo con la débil esperanza de que algún día los alemanes asaltaran repentinamente el hospital de sangre y entonces se librara un feroz combate en el cual entregar su vida por la Francia. Cuando, de vez en vez, volaba sobre el hospital algún avión alemán, dejando caer las consiguientes bombas, salía a los patios con su cubo de yodo y su brocha y miraba radiante a los cielos con sus ojos azules, iluminados por la gloria. Esto, y su falta de corazón para con los heridos —pensaba con desprecio profundo de todo el que se quejaba por haber sido herido combatiendo por la Francia— acabó por llamar la atención de algunos jefes, que, de haber tenido más tiempo disponible, tal vez hubieran dedicado atención a su caso. Por lo pronto, les extrañó este éxtasis ante los aviones alemanes y el que supiera hablar alemán y el que fuera hombre de libros de historia, de planos de batallas, etc.

—Al cabo, como en la guerra todo puede suceder, se cumplieron los deseos del heroico boticario. Los alemanes, secretamente, prepararon una feroz y arrolladora ofensiva. La artillería tronó sin cesar día y noche y, luego, al asalto furioso, nubes de infantería delirante tomaron la primera trinchera; se lanzaron a la segunda y rompieron aquel tramo de sector, asaltando y tomando la tercera línea. Todo en tan breve tiempo, que el pánico, al cundir, desmoralizó toda la retaguardia, las reservas, avituallamiento, hospitales, facilitando un triunfal recorrido de la caballería hulana y de agresivos y vandálicos regimientos que tomaron aldea tras aldea. No hubo tiempo de organizar nada; y, desde que comenzaron a pasar los primeros fugitivos, hasta que se pensó en organizar el traslado de los heridos, transcurrió el suficiente tiempo como para que ya se acercaran los *boches*. Un pánico de naufragio invadió el Hospital. El coronel médico no aparecía. Una escuadrilla de aviones combatía en el cielo y bombardeaba. Los heridos, huían a montones, a más velocidad que los enfermeros, descubriéndose que muchos estaban matando el tiempo. Un oficial daba una orden y desaparecía. Otro hacía lo mismo. Todos aseguraban que, o iban a «contener al enemigo» o iban a «detener a balazos a los fugitivos cobardes». Mas ninguno regresaba. Del boticario de Burdeos nadie se ocupaba. Y, mientras tanto, las reservas se organizaban, se rehacían los regimientos de «valientes *poilus*» y, por fin, se iba a poner fin a aquella racha brutal.

El espectáculo fue emocionante. El boticario de Burdeos se quedó solo en el hospital. Los ojos le brillaban de cólera. «¿Dónde está la Francia?» —gritaba—. ¿Dónde están los galos? Y levantaba los brazos, con su brocha y su cubo de yodo. Puesto a la puerta del hospital, solo, sombrío, terrible, esperó a los *boches*. Y cuando las primeras patrullas asomaron, desolado corrió hacia ellas cantando a borbotones *La Marsellesa*. Las primeras filas se detuvieron sin saber por qué durante un momento; las segundas miraron; las terceras vieron a un hombre que, en medio de la destrucción, cantaba avanzando, loco, y confundieron el cubo de yodo y la brocha, con una bomba espantosa y la mecha... Es un galo, dijo uno. Un alemán que ya apuntaba, al oír, soltó el arma. Uno viró la espalda y tronó el cañón francés en ese momento. El boticario de Burdeos corría hacia ellos, ya perseguidos, cantando *La Marsellesa*. Pero no pudo darles alcance. Detrás de él, avanzaba la infantería francesa. Un oficial le puso la mano en el hombro y lo viró violentamente: «¡Traidor!» —lo increpó—. Se pasaba usted al enemigo. El boticario se quedó mudo de asombro. El oficial era uno de los jefes que había huido del hospital «a contener al enemigo...» La mudez del boticario fue tomada por el pánico de ser cogido infraganti... Allí mismo se formó juicio sumarísimo y, condenado a muerte, fue fusilado contra el paredón del hospital, por «pasarse al enemigo con las armas en la mano», según el Código penal militar. «No en balde se le alegraban tanto los ojos cuando veía un avión alemán —decía el Coronel—. Era un traidor a la Francia» —comentó—. Y en esto, nuevo asalto de la infantería alemana y nueva fuga de los franceses, con el Coronel a la cabeza, por supuesto. Y el mismo día, nuevo asalto de los franceses y nueva fuga de los alemanes. Y la misma función como siete veces más, hasta que, al fin, ganaron los franceses por resistencia y allí mismo comenzó la debacle alemana. Por eso, escogieron este lugar para recoger el Soldado desconocido de Francia. Pero en este sitio, tanto cañoneo no dejó a nadie sano. Además, allí nadie hubiera podido decir quién era alemán o francés. Pero quiso la fortuna que una granada que estalló detrás de él, lanzara sobre el cadáver del boticario fusilado, todo el paredón del hospital; y cuando vino el escombreo mucho después, ya descompuesto del todo, se le encontró. No tenía identificación ninguna, porque antes de fusilársele se le arrancaron las insignias y documentos... Sin embargo, un hecho conmovió a toda Francia: con tinta china, en los calzoncillos, tenía escrita la Declaración de los derechos del hombre... ¿Quién mejor que él para Soldado desconocido de Francia?...

El tiempo estaba vencido. Y, aunque lo hubiera querido, aquella noche no me hubiera podido contar nada del Soldado desconocido ruso, de quien tenía ganas de oírle hablar. Todo se quedó para otra ocasión en que quedamos citados.

## IV

Una tarde, cuando llegué a mi cuarto, al abrir la puerta, noté con sorpresa, y hasta con un poco de susto, que un hombre estaba sentado en mi balance, de espaldas a la puerta, leyendo un libro y con las piernas, a la americana, sobre mi cama. Francamente, por esos días tenía yo olvidado a Hiliodomiro del Sol, el Soldado desconocido de Arlington, amigo mío, pero en esa fracción de segundo en que se pasa de la inercia del miedo a la de la reacción contra él, yo relacioné el hecho de que hubiera dentro de mi cuarto —que estaba cerrado con llave— un hombre aparentemente despreocupado de ser sorprendido y el recuerdo de Hiliodomiro. En efecto, sin abandonar la puerta, y como él no se volvía, pregunté:

—¡Eh!...

Y me respondió, mientras estiraba el cuerpo con toda confianza:

—Pasa, pasa. Aquí estaba esperándote hace un rato. Estaba leyendo este libro que tienes aquí, a cuyo autor conozco «allá». De vez en cuando, me vas a prestar algunos de tus libros para conversar con mis amigos de «allá», sobre sus obras.

El libro era *La retirada de los diez mil*, de Jenofonte.

No puedo negar que algunas veces tengo aciertos psicológicos. Comprendí que Hiliodomiro estaba dispuesto a platicar sobre sus amigos de «allá», como él les decía. Y le di por la vena del gusto.

—Bueno, ¿y qué te parece el libro?

—Te diré. Con todos los griegos estos no me llevo muy bien que digamos; y por eso no siento muchas simpatías por sus hazañas y sus libros. A este Jenofonte, francamente, no lo puedo ver. Porque tú verás. En una ocasión, una de las tantas veces que se planteó el problema de nosotros, los «soldados desconocidos», con los «verdaderos héroes», como ellos se llaman —y te advierto que esta es una discriminación que va por muy mal camino y el día menos pensado se produce una hecatombe— vino con mucho casco con pluma, y una sayita de tiras colgantes, bastante indecente por cierto, a dirigirse a mí con un tono burlón a lo Aristófanes —que, entre paréntesis, es uno de los hombres más simpáticos que te puedas encontrar— preguntándome que con qué títulos me mezclaba yo, un refugiado de hospitales, en una asamblea de héroes de todas las edades. Después que se apaciguó un poco la asamblea, gracias a la vozarrona del Cid Campeador, que con la Tizona en alto se cagaba en Dios y amenazaba con retirarse de la presidencia si no se imponía el orden y cesaban las burlas que se me dirigían, yo le contesté que estaba allí con el mismo derecho que él, todo cuyo mérito consistía en ser el guerrero de la historia que más facultades había demostrado tener para las retiradas... Muchacho, acabé con el griego. No encontró más ironías en su repertorio. Bramaba de cólera, y pedía un duelo a muerte conmigo. Yo le pregunté que si para «retirarse» otra vez y le dio un ataque epiléptico al pobre y se lo llevaron dos generales de Alejandro Magno, quien, por cierto, me tiene alguna simpatía porque le he hecho creer que, aunque no lo digan, en la gran guerra, todos los famosos mariscales no hacían más que estudiar sus planes. Por eso, ahora estaba leyendo este libro. Realmente, fui injusto con el pobre Jenofonte, porque para hacer esta retirada hacía falta más valor que para pelear con persas y medos, que no fueron sino unos «jaibas» totalmente desacreditados por «allá». Tanto, que esto ha motivado algunas polémicas muy serias entre Alejandro Magno y Aníbal el Cartaginés, por decir este que aquel no supo más que derrotar a unos pueblos pendejos, mientras que él siempre combatió a ejércitos bragados. Gracias a que nunca se está más seguro de que no pase nada que cuando se está entre guapos, no ha habido muertos por esta discusión. Alejandro se desquita diciendo que las campañas de Aníbal en Italia, al lado de las suyas en Asia, son como una zarzuela al lado de una ópera, y que, después de todo, al fin y al cabo, mientras a él nadie lo venció a Aníbal vino a darle la puntilla un don nadie como Escipión el Africano... Su estúpido orgullo lo hizo cometer esta pifia y ahora tienes tú que los romanos, al sentirse ofendidos por Alejandro, son aliados de Aníbal frente a aquel... Y así en todo. Ah, y gracias a esto nos defendemos y vamos tirando, que si algún día se disponen a hacer el frente único revolucionario acaban con todos nosotros.

Pero yo tenía ganas de conocer más detalles de todo esto y le pregunté:

—Bueno, y ¿por qué tanta inquina contra ustedes de parte de esa gente?

—Ah, chico, te voy a decir. La heroicidad, como casi todos los oficios, está en crisis. Hay «exceso de producción». Yo, por muy héroe que sea, no me ciega la pasión. Los héroes —casi todos, desde luego, porque hay sus excepciones— son como las tiples. En cuanto surge otro héroe, ya saben que tienen que pasar a otro plano y no se resignan. No quieren que nadie cante más que ellos. Son como esas «damas jóvenes» del teatro, que, cuando al cabo de cuarenta años de tablas, las quieren pasar a «características», patean y chillan, alegando que las quitan del puesto, precisamente, cuando ya tienen gran experiencia. Bueno, pues así son los héroes. Tienen furor de publicidad y no se resignan a que otro salga en los periódicos. Por eso, en cuanto empezamos a llegar nosotros «allá», y todo el mundo no hacía más que hablar de nosotros, se irritaron. Inclusive hubo alguno de nosotros que por su ignorancia «metió la pata», pues cuando nos presentaron a algunos tipos famosos, preguntaron: Bueno, ¿y usted, quién es? ¡Preguntarle eso a un mariscal de Francia o a un conquistador español! Naturalmente, por todas esas razones hemos estado en difícil situación de tirantez siempre. Y, ahora, más que nunca.

Yo, siempre en función de periodista, le pregunté a Hiliodomiro: ¿Y qué han argüido ellos contra ustedes?

—Pues, chico, intrigas, como en todas partes. Figúrate que, como tú comprenderás, «allá» no se puede andar con «misterios» y todo, más o menos, se sabe. Menos mal que el idioma nos ayuda un poco... Sí, porque se intentó utilizar el esperanto y, por fin es el que se usa, aunque por fortuna casi nadie se entiende en él, porque en cuanto un italiano se encuentra algo en italiano dentro del esperanto, sigue en italiano, no te ocupes, y la gente empieza a chiflar en las asambleas igualito a como cuando en el cine la película va por un lado y el *vitaphone* por otro. Bien, como te decía, la cosa comenzó como te conté, por las puyitas, las risas, las burlas, el estarnos sacando nuestras pobres o ningunas hazañas y compararlas con las suyas, que esas sí, según ellos, habían estremecido al mundo. Y, de mayor en mayor, la cosa se puso tan fea que llegó hasta la categoría de asambleas en las que, inclusive, algún imprudente llegó a plantear la cuestión de nuestra expulsión del «Seno de los Inmortales», como se dice «allá». Figúrate, hubo que defenderse. Y aquí fue donde vino bien el que yo hubiera dado algunas clases de historia con tu padre, don Félix; y, sobre todo, que el Soldado desconocido inglés, no fuera soldado. Si no, a patadas nos botan de allá. Te voy a contar.

»Por lo pronto, celebramos nosotros una reunión secreta. Algo así, como dicen los comunistas, «reunión de célula». Consideramos los problemas y, después de un análisis lo más profundo de la situación, sin ocultarnos la gravedad de la misma, acordamos un plan, inspirado casi todo por el inglés. Este dijo que teníamos que hacer frente a dos problemas: primero, dividirlos a ellos y, simultáneamente, fortalecernos nosotros. Dentro de este plan general, nos pusimos a considerar cuáles serían las posibilidades de dividirlos y encontramos que unas eran positivas y otras negativas; es decir, que unas podían ser propiciadas por nosotros y otras existían ya y no había sino que utilizarlas inteligentemente. En cuanto a fortalecernos, aunque ninguno nos podíamos ver entre nosotros, la habilidad del inglés para concertar coaliciones venció el problema. En realidad, —ya yo lo he estudiado— esta habilidad no consiste más que en hacer creer a todos que su problema es el mismo y que su problema es el más urgente. Y les disfraza el análisis, creándoles problemas de manera que no los deja pensar. Por eso, inmediatamente, se dispuso que cada uno de nosotros, picando el nacionalismo, nos atrajéramos a los guerreros de nuestras naciones respectivas, diciéndoles que una expulsión nuestra era una mancha de infamia para nuestros países.

—¿Y cuál fue el resultado de esas gestiones? —inquirí.

—Bueno, así así. Desde luego, el Soldado desconocido italiano, se apareció con sus artes oratorias haciendo el elogio de las legiones romanas, de Manlio Capitolino, de Muscio Scévola, de los Escipiones, de Valerio Corbo, de Lúculo, César, Pompeyo y toda la traílla y como todos estos tipos estaban acostumbrados a la retórica de Cicerón, este les resultó un mal barbero. Figúrate, César, que siempre tan maricón, tenía por marido al feroz y gigantesco Maximino, relajeó a nuestro comisionado de una manera implacable y le demostró que no sabía nada de lo que estaba hablando. Y, como para apaciguar la crítica de César, sabiendo lo vanidoso que era, elogió demasiado sus triunfos, se puso a mal con Pompeyo y todos los republicanos. Quiso buscar apoyo en las «masas populares», y allí lo desenmascaró Espartaco quien dijo que todo lo que se traía eran unas maniobras asquerosas con la burguesía romana y que nada tenía que hacer con ellos, aconsejándole, en tono despectivo, que se fuera a donde los Gracos, que esos eran unos «oportunistas de izquierda». Y estos, por no estar presente su madre, doña Cornelia, no pudieron tomar acuerdos. Y así en todas partes. Y si no llega a ser por Fabio el Contemporizador, Catón, con su estribillo de que «tenía que ser destruido», se hubiera salido con la suya, y no regresa ni el nombre de Soldado desconocido de Italia. Pensó entonces buscar apoyo en tiempos más modernos y como después de aquellos tiempos, los héroes desaparecieron por completo por ni se sabe cuántos siglos, tuvo que venir a recalar en el Renacimiento. Pero he aquí que en cuanto le hablaba a un «héroe», este le preguntaba de qué ducado era, y florentinos, venecianos, genoveses, romanos y napolitanos, al comprobar que no era paisano suyo —porque en realidad era de Roma, pero, ya por temor a opacar el brillo paterno de Rómulo y Remo, no se atrevía a decir que él también era hijo de una loba del Arno— enseguida trataban de envenenarlo o de meterle una daga por la espalda, viéndose obligado a usar siempre cota de malla, como en las novelas de Rocambole, mientras trató con ellos. Por fin, vino a parar a los tiempos de Garibaldi; mas este le dijo que para asuntos diplomáticos se entendiera con el conde de Cavour y lo dejara a él tranquilo oír los discursos de Mussolini.

»El Soldado desconocido alemán fue peor recibido aún. Federico el Grande lo vejó y le dijo que con qué cara se titulaba héroe cuando había sido vencido. Moltke declaró que la deshonra de Alemania se hacía eterna con su eterno recuerdo en tal Soldado desconocido; y allá por el Walhalla retumbó tal trueno que el desdichado creyó que había estallado algún Gran Berta. Y no quieras oír los horrores que le dijeron, por cobarde, Rodolfo de Habsburgo y Federico Barbarroja. Blucher lo fulminó con una frase terrible. Le dijo que para tener el apoyo de los alemanes tenía que ser alemán primero, es decir, invencible. Y nuestro infeliz «comisionado» seguro de que también había tenido su Waterloo, no hizo ninguna otra gestión, y ahíto de tanta cerveza antigua como había bebido regresó a dar cuenta de su fracaso.

»Yo, por mi parte, tuve problemas de otra índole. Me puse a buscar un héroe norteamericano y no lo encontré por ningún lugar. Según me explicó despectivamente el general español Vara del Rey, que, al enterarse de que yo era de Santiago, se hizo amigo mío, para tener con quien evocar sus «hazañas» por Barracones y Marina... que le interesaban más que las del Caney, «todos esos yanquis, en cuanto el negocio vino a mal, huyeron de aquí y ahora están creo que metidos con las estrellas de cine, con Valentino y comparsa». Y así fue como supe que Paul Revere, al menor indicio de crisis económica, montó de nuevo a caballo y huyó a todo galope al grito de ahí vienen los ingleses, que tanta alarma puso siempre en sus compatriotas. Y dicen que el del «Mensaje a García» anda ahora metido, como buen periodista, a entrevistador de todos los que van llegando de alguna importancia, sobre todo si son gángsters o miembros de la Sociedad de Amigos de la Silla Eléctrica. Al único héroe americano que pude encontrar fue a Lafayette, al pobre marqués de Lafayette, siempre asistiendo a todas las convenciones, muy decrépito y venido a menos, porque después de su fracaso durante la Revolución francesa no vivía de «otro cuento», como decimos en Cuba, más que del de la deuda que los americanos tenían con él, y ahora, no solo se la habían pagado, sino que Francia se había quedado debiendo, según había leído en los periódicos... Lafayette, naturalmente, en cuanto me vio la piel un poco morena, creyó que yo tenía que ver con Toussaint Louverture y se puso en guardia, y, desde luego, comprendí que tenía poca importancia tener o no el apoyo de este héroe americano, que ya había cobrado sus bonos, que me puse a hablar con él de la Revolución y de la Guardia Nacional, pero en el acto le entró un fulminante dolor de cabeza y casi que huyó de mi lado, pensando acaso que había dado, de manos a boca, con uno de esos biógrafos modernos, a los que tanto terror tiene, y los cuales, como detectives de Poe o de Conan Doyle, averiguan todas las debilidades de la vida de un hombre, con solo saber que tiene la quijada un poco corta, o el bigote ralo, o el gusto por las corbatas azules... ¡Son terribles, sin duda!, comentó Hiliodomiro. Y cuando Lafayette, se iba aprisa, cojeando con su inseparable mochila de marqués llena de proyectos de «derechos del hombre», el conde de Turena, que acababa de leer a Voltaire, me dijo: «¿A qué no sabe usted en qué se parece el buen marqués de Lafayette a un hombre ahorcado injustamente?» «No sé», —le dije—. «Pues es que ha sido condenado sin merecerlo, y su fama la tiene por lo que no hizo y no por lo que hizo...»

»En cuanto a Rolando Bayardo de Burdeos —que este es el nombre que ha adoptado en ultratumba el buen boticario de Burdeos, Soldado desconocido francés, temeroso por instinto del inglés, y sin olvidar jamás lo de la quema de Juana de Arco, y, pensando que, de todas maneras, a él lo único que le interesaba era estar bien con sus franceses, se fue a contarle a estos lo que había planeado el inglés. Inmediatamente, sus colegas reconocieron que, puesto que era francés, galo, no había duda ninguna de que se trataba de un héroe y que, por consiguiente, todos los manes de la Francia tenían que protegerlo. Carlos Martel le dio tan terrible espaldarazo para armarlo caballero, que por poco le parte los riñones; Breno le regaló un escudo de oro de los que se había llevado cuando la toma de Roma; Felipe Augusto, le dio un título de duque; Carlomagno lo nombró caballero de la Orden de la Mesa Redonda; Rolando le dio permiso para usar su nombre y le aconsejó que tuviera mucho cuidado con los españoles que eran una partida de estúpidos incapaces de respetar ningún prestigio, advirtiéndole que no fuera a pasar por Roncesvalles; Bayardo, finamente le agradeció que hubiera decidido usar su nombre y le recomendó que se cuidara mucho de los españoles puesto «que estos eran nobles caballeros pero asaz forzudos»; el duque de Crillón lo invitó gentilmente a cruzar su espada en amable asalto; el príncipe de Condé, lo nombró Ayudante de Campo honorario y, por último, cayó en la gloria, cuando compareció ante Napoleón Bonaparte y este, sin decirle una palabra, mientras tocaban *La Marsellesa* todos esos tamborcillos heroicos que pinta Víctor Hugo, le impuso la Cruz de la Legión de Honor. De seguida, con el simple gesto de uno de los dedos que tenía metidos en la barriga, hizo que se le acercara el mariscal Ney, quien, dirigiéndose a Napoleón III, que arrinconado y humilde tuvo que escucharlo, le dijo que este hombre sencillo, procedente como ellos del pueblo, había rescatado el honor de la Francia, manchado desde su vergonzosa rendición. Y marsellesas de nuevo. Ya, hasta Carlomagno canta *La Marsellesa*... Sin embargo, con todo su triunfo, se encontró algunas dificultades. Por lo pronto, le exigieron que no tuviera contacto ninguno con el Soldado desconocido alemán y que nunca estuviera de acuerdo con el inglés. Además, toda «su gente» de la revolución, como él la llamaba, estimó indispensable que rompiera todo contacto con los otros, y así se vio entre los galos y los *sansculottes*, como quien se queda entre dos fuegos. Por otra parte, aunque no lo dijo, Napoleón fue su gran decepción, a pesar de la Cruz de Honor y de todo. Y, en efecto, no has visto tú individuo más parecido a Greta Garbo que el tal Napoleón. Siempre enigmático, silencioso y empeñado siempre en poner cara de inteligente, o de individuo a quien le aprietan los zapatos. Yo con él no me llevo más que de «abur, abur», de afuera a fuera. Y la realidad es que nadie lo puede ver. Alejandro dice que quiso imitarlo y fracasó en su conquista de Egipto en donde lo mejor que hizo fue el discurso de las Pirámides; Aníbal asegura que su campaña de Italia, aparte de que no fue contra romanos, fue una mala copia de la suya; César asegura cínicamente que lo único que le interesa de Napoleón son sus cuerpos de hermosos y gigantescos granaderos de la Guardia Imperial; Carlos XII de Suecia dice que sus triunfos fueron debidos a que no tuvo contrarios de categoría, sino una partida de «aguantagolpes». Y así por el estilo todos, y esto sin contar el odio a muerte que le tienen los primeros generales de la propia Revolución y todos los «libertadores», más o menos importantes, que ha tenido el mundo. Solo por medio de Víctor Hugo, que es una especie de *valet* de su fama, y le ha catalogado las victorias y retocado las derrotas, como quien ordena trajes de ceremonias, resulta accesible. Solo Víctor Hugo lo hace sonreír sombríamente de satisfacción. Y si según te digo, Napoleón se parece a Greta Garbo, no has visto escritor que más se parezca a Napoleón que Víctor Hugo. Siempre anda, imponente y solitario, escribiendo, según asegura, obras maestras. Lleva con él una libreta, y tan pronto se le ocurre una frase, la apunta, y entonces escribe un capítulo sobre ella. Y algunas veces hasta un libro. De nosotros nos ha dicho con desprecio que éramos «como águilas de plomo, pintadas de oro, enanos sobre escalas de gigantes, ranas uniformadas, héroes a franco la tonelada», y otras cosas por el estilo. Naturalmente, todo el mundo lo odia, y está tan pasado de moda y es tan ridículo que si viviera hoy sería poeta de tangos... ¡De buena se han salvado ustedes!... Bien, el caso es que nuestro hombre regresó sin otra conclusión que la de que él era francés, y, por lo tanto, héroe. Con todo lo cual, y siempre como francés, no tardó en imaginar que todo el mundo estaría pendiente de él y que todos nosotros giraríamos a su alrededor. Como primera medida nos declaró que «la Francia, una indivisible e inmortal, lo apoya a él y nada más que a él». Y, acto seguido, comenzó a cantar *La Marsellesa* con todo furor.

»El inglés, a pesar de su aspecto, no le hizo gran caso, seguro de controlarlo al cabo, como un loquero que conoce ya las debilidades de su loco y sabe que lo mejor es dejarlo desangrar a gritos. Por eso, se limitó a informar que la Sección Inglesa, unánimemente estaba a nuestro lado. Y que Ricardo Corazón de León, atemorizado por la marcha de los acontecimientos, había sido el primero en pedir ayuda a todos para apoyarnos; que Guillermo el Conquistador —quien por cierto no se cansa de decir que si conquistó Inglaterra solo fue porque ya no podía soportar más a los franceses, sus paisanos—, Enrique Plantagenet, Cromwell, y Wellington, estando de acuerdo en que Inglaterra había ganado la guerra, necesario resultaba apoyar todas sus conquistas, de las cuales una de las más notables era esta de los soldados desconocidos, que de haberla conocido ellos bien les hubiera servido para eliminar algunos cuantos ambiciosos con ínfulas.

»Y, claro está, que se calló las instrucciones sobre la manera de utilizar al francés azuzándolo contra el alemán y al alemán azuzándolo contra el francés, poniéndose en el medio como salvador, en tanto que no hubiera algo que ganar.

»A primera vista nada habíamos obtenido. Más tú no puedes imaginarte las cosas que es capaz de hacer un inglés con la diplomacia. Por lo pronto, nos dijo: «Ahora podemos descansar nosotros, porque ahora comenzaron las peleas entre ellos». Y, efectivamente, en la próxima asamblea, cuando parecía que se iba a tratar el problema de nosotros, los «nuevos», los «héroes desconocidos», como nos llamaban, se armó enseguida una tartaria descomunal.

»Feidípides, el soldado de Maratón, se atrevió a hacer una interpelación no sé con cuál motivo, y lo interrumpió Leonidas, el espartano de las Termópilas, diciéndole que él no era tal héroe y que toda su fama se debía al hecho de haber querido llegar a Atenas antes que Milciades, para correrle la mujer... Se levantó este héroe de «casco palpitante» —como decía Homero, quien por cierto ni es ciego ni Cristo que lo fundó, sino un vividor de siete suelas que se pasó la vida guataquéandole a todos los príncipes acaienos y troyanos— y furioso se dirigió por igual contra Feidípides y contra Leonidas, al primero por haberlo tarreado y al segundo por proclamar su desdicha, y después de decirles de quiénes descendía, y que su padre había sido domador de caballos, y su abuelo había cohabitado con una náyade de Poseidón, la cual era su abuela, y que, por tanto, era descendiente de los dioses, como Teseo y Heracleo, los retó a funesta lucha, de todo lo cual estaba tomando nota Sófocles, quien según Tirteo, no sabe hacer un drama sino es a base de cosas bárbaras y grotescas. Alguien gritó: «¡Qué se callen esos griegos charlatanes!...» Y entonces se armó más gorda la bronca, porque Alejandro y Filipo se levantaron llenos de majestad a protestar y un romano les gritó que de qué protestaban, puesto que ellos no eran griegos, sino macedonios, como dándoles a entender que no era lo mismo ser de Santiago que del Caney, tú sabes. Bueno, inmediatamente se formaron las falanges macedónicas por un lado y por otro las legiones romanas, y, dado el odio que los cartagineses tenían por los romanos y el deseo de que también se acabara con los cuentos de Alejandro Magno, Aníbal, que era el único autorizado para intervenir allí, se abstenía regocijado, y era evidente que hubiera proporcionado una hecatombe de la historia antigua, si los héroes de la Edad Media, interesados en que ello no fuera así, no hubieran mediado, pues, de producirse tal hecatombe, y quedarse el mundo antiguo sin romanos que vencer, ni los galos hubieran valido nada en la Historia, ni los árabes, ni los vándalos, ni Atila, ni, en fin, todos los que cogieron los «mangos bajitos» cuando ellos empezaron a echar pa'tras. Así es que intervinieron todos y después de un gran tumulto comenzaron a disolverse las falanges y las legiones y a restablecerse la calma. Mas en esto, los conquistadores españoles y sus antecesores, Pelayo y sus asturianos, al ver moros metidos en la polémica, se metieron ellos también con el Cid a la cabeza y entonces fue Almanzor quien formó sus hordas. Y cuando todo el mundo se disponía ya a presenciar algunas de esas feroces luchas entre «moros y cristianos», ciertos guerreros de las Cruzadas creyeron que era el momento de resucitar la cuestión de Jerusalén y el Santo Sepulcro y de nuevo se formó la trifulca, pues los héroes anteriores al nacimiento de Cristo no tenían por qué creer en él y los posteriores a su nacimiento lo consideraban únicamente como un gran negocio, por lo que fueron desenmascarados. Y en esta discusión, los griegos, romanos, cartagineses y persas y los galos se unieron con los árabes y los franceses, italianos, alemanes, ingleses y otros se unieron con los españoles y ya sí que parecía inminente el más feroz conflicto de la historia, cuando al inglés se le ocurrió que era el momento de que actuáramos de una vez para dominar la situación.

»En efecto, aparecimos en medio de un estallido ensordecedor de granadas, dentro de un tanque, con caretas contra los gases asfixiantes, y el pánico fue espantoso. Los griegos se encaramaron todos en las Termópilas; los chinos se treparon a su Muralla; los árabes enterraron la cabeza en la arena; los indios huyeron en sus caballos; los romanos se refugiaron en el Capitolio. Se hizo un gran silencio. Y entonces salimos nosotros del tanque. Uno cayó desde un avión con paracaídas. Con ametralladoras de mano y careta. Animales más extraordinarios jamás se han visto sobre la tierra. Hasta el hombre de Neardhenthal, al contemplarnos, pegó un aullido de pavor y huyó hacia su caverna, soltando el descomunal garrote. Naturalmente, aprovechamos como era debido el momento, y previa una ceremonia más de aterrorizamiento, en la cual echamos un poco de gas lacrimógeno, que puso flojos del vientre a casi todos los adalides antiguos, expresamos bien claro que exigíamos «cierta compostura y cierto decoro» para convivir, como «héroes desconocidos», con quienes, a pesar de ser tan conocidos como héroes no sabían comportarse sino como una mano de pendejos, cuando no como mujerzuelas histéricas. Y la gente comenzó a acercarse con cierta prudencia y recelos hasta que algunos, como el Cid, probaron sus tizonas sobre el tanque, en cuyas planchas, naturalmente, se quebraron todas. Desde entonces, puedes creerlo, no hemos tenido más tropiezos con los héroes conocidos...

## V

Meses discurrieron sin que yo volviera a tener contacto con Hiliodomiro del Sol. Habíase este esfumado precisamente al iniciar Mussolini sus pantomimas etiópicas. Mi fe, sin embargo, permaneció inquebrantable. Para mí no había duda de su real existencia. Y por eso, ni por un momento, di albergue en mi cabeza a la idea de que cuanto va aquí narrado fuese el resultado de un proceso alucinatorio o de debilidad cerebral, diagnóstico este último, que los médicos suelen utilizar cuando algún individuo se da súbita cuenta de que está pensando e imaginando y viviendo de manera distinta y más brillante que antes y, asustado, acude a su consultorio por la razón de lo que le acontece. La verdad monda y lironda es que nunca he gozado de mayor lucidez que en esta sazón. Estaba —estoy— en mis cabales. Y aquí me surge, de pronto, una duda tremenda: ¿tendrá algo que ver esto de mis cabales con las reservas de hambre que llevo acumuladas en este exilio? He oído decir por ahí, que el equilibrio mental y la panza repleta se excluyen radicalmente. No sé si tendrá esa opinión una base científica. Ni me importa. Por lo pronto, mi caso personal parece confirmar definitivamente el dicho. Con todo, mi más cara aspiración en estos momentos es poder sumergirme en una bañadera rebosante de arroz con frijoles y no salir de ella hasta ingerir su contenido íntegramente.

Sin duda, que para cualquier otro que no fuera yo, la prolongada ausencia de Hiliodomiro hubiera sido la demostración más evidente de que la videncia es un cuento. Pero, a tal extremo estaba fija en mí la idea de su existencia concreta que a pesar de ser un espíritu, y, por añadidura, un inmortal entre los inmortales, ante su desaparición sin rastros me asaltó más de una vez la sospecha de si no había muerto de alguna enfermedad o de algún accidente imprevisto. Todo, en efecto, puede suceder. Aun en ultratumba. ¿Cómo si no habría la manera de explicar el por qué unos espíritus permanecen vivos, y, como quien dice, saliendo cotidianamente en los periódicos, y otros, por el contrario, ni salen jamás, ni dan muestra de vida alguna, ni más ni menos que si fueran miembros de una academia científica, literaria o artística?

Muy pronto los hechos vendrían a confirmar plenamente mi fe. Un día, cuando ya la crisis de Abisinia había pasado, al salir del trabajo, a la puerta de la escalerilla del sótano, que daba a la calle 145, allí estaba Hiliodomiro esperándome, leyendo un periódico con las últimas noticias. Realmente, estaba demacrado, como individuo que ha pasado por larga enfermedad o por un período de angustias morales y mentales. Lucía un poco ictérico también. Después de los saludos de rigor, así se lo dije, afectuosamente, preguntándole la causa de aquella apariencia física un tanto deplorable.

—Chico, la guerra, me contestó. No te puedes imaginar los problemas que nos ha traído esta guerra, y Mussolini con sus bravatas, y el relajo de la Liga de las Naciones, que se nos ha choteado definitivamente, y las amenazas de Inglaterra, y la actitud de Hitler, por último, y todo sin contar con las amenazas izquierdista en Francia y en España, en estas elecciones que se avecinan.

Mientras caminábamos por la Quinta Avenida, contemplando, a su mejor hora, el arroyo multicolor y aromado de mujeres, Hiliodomiro no habló. Le gustaban, como en sus tiempos de Santiago, rumberos y provocadores, las hembras, las buenas hembras de todos los países que pasan por la Quinta Avenida, a las horas de tiendas; le encantaba aquel río humano con perfume sutil de sexo; aquel avance hacia los ojos de senos rotundos, iluminados por ojos brillantes de todos los colores del mundo; aquel juego de curvas, de caderas ágiles y elásticas, que se perdían unas entre otras, que se alejaban de la vista dejando una estela de fragancias recónditas; aquellas piernas escultóricas, por millares, por millones, que evocan audacias arquitectónicas de los árabes o los florentinos; aquel río de curvas y de colores, en el que nadaban raudos, hundiéndose, flotando, perdiéndose, huyendo ante los ojos voraces, el encendido rojo de las bocas ansiosas, el brillo de azabache, o zafiro, o esmeralda, o turquesa, o amatista de los ojos de misterio o audacia; el jardín de las manos en guantes lilas, azules, verdes, amarillos, blancos como infinitas flores; y las cabezas magníficas, cubiertas de inverosímiles sombreros inimaginables, cada uno como un audaz pájaro desconocido o como una nueva y jamás repetida especie de orquídea salvaje...

—Y en cada una de estas mujeres maravillosas, una pasión, una esperanza, un desastre... La vida en cada una... La vida entera... ¡Y cómo amo la vida!...

Hiliodomiro, ante aquel espectáculo femenino único, de los millares de bellezas en la Quinta Avenida, asumía una actitud melancólica; la actitud de un hombre en decadencia, algo parecido a esa pena por el recuerdo de hazañas y triunfos de la juventud que tienen algunos hombres viejos, todavía con externa prestancia otoñal. Pero Hiliodomiro era un hombre joven, y, por eso, su fervor imaginativo y a la vez melancólico, ante tanta esplendidez femenina, me trajo entonces a la imaginación una pregunta un poco terriblemente curiosa. Bueno, ¿y «allá» no...? Pero decidí callarme por no herir su susceptibilidad varonil... Él dice bien: —¡Cómo amo la vida!... Porque, si en efecto, no hay en ultratumba una Quinta Avenida; sí es falsa la promesa de las huríes del profeta, ¿para qué va a ir un hombre joven al cielo? ¿Para escuchar los sermones de San Pedro, o los sofismas de Sócrates...? ¡Si siquiera hubiera cuentos de Quevedo!...

La tarde, a fuerza de bella se había puesto tan tristona para Hiliodomiro que este parecía ausente de todo intento de contarme nada. Momentáneamente se había vuelto introspectivo y recordaba, para sí, algunos días mejores, felices, vibrantes y anónimos de su juventud exuberante de parrandero infatigable, allá, en el caliente, sucio y bello Santiago de Cuba, en donde las montañas tiemblan como senos de mujer.

Por fortuna, un escandaloso periódico de Hearst lo arrebató de su mundo imaginario. Un titular negro e inmenso como la muerte llenaba media plana anunciando que Hitler no reconocía pactos de Locarno ni de ningún lado y que la guerra era cuestión de una edición más o menos del periódico. Compró Hiliodomiro el periódico y a poco lo botó.

—Son unos ladrones estos periodistas, dijo. Tan ladrones como Hitler. Como que no me explico por qué Hitler no es periodista. Y que son iguales en todas partes, aunque aquí sean más mentirosos y alarmistas que en ninguna otra parte. Despídete del escándalo que han armado con todo eso de Etiopía. Bueno, claro, ya te habrás enterado.

Yo, comprendiendo que había llegado el momento de hacerle hablar sobre todo el largo período en que no lo había visto, le dije: «¿Qué? ¿Has tenido muchos líos con esto de Abisinia?».

—¡Calcúlate!... Porque no era la cuestión de Abisinia. Era la cuestión de una posible nueva Guerra mundial, que nos tiene a todos nerviosos hace años... Hasta al inglés inclusive.

—¡Cómo! —le dije—, ¿a ustedes también puede afectarles la nueva Guerra mundial? Yo creía que eso solo podía perjudicarnos a nosotros.

—¿Que si nos perjudica? No lo puedes calcular... Piensa nada más en lo siguiente: la nueva guerra nos trae este dilema terrible. Si se triunfa, quiero decir, si alguien triunfa —lo que no es lo más probable— tendremos una nueva avalancha incontenible de soldados desconocidos con la consiguiente agravación del problema del desempleo entre nosotros; nueva situación difícil con los héroes antiguos; desplazamiento posible de muchos de nosotros por los nuevos, que ya organizados con mayor conciencia de clase, harán su gremio y nos plantearán a cada momento «reivindicaciones inmediatas». ¡Menudo «titingó» tenemos en perspectiva!... Y esto, si se gana, si es que hay alguien que salga ganando en esta nueva guerra. Que si se pierde, que es lo más probable, despídete. Por lo pronto, no hay quien evite la hecatombe, la revolución. La teoría que tiene el Soldado desconocido rojo —como lo llamamos nosotros para molestarlo— de que todo esto del homenaje al Soldado desconocido no es más que un insulto al carnerismo popular que no hay «Soldado desconocido», si no «oveja desconocida»; que en la guerra, en la verdadera guerra de liberación de los pueblos, no hay, no puede haber héroes desconocidos, porque el pueblo conoce a todos los que lo aman y se sacrifican por él, esta teoría demagógica y endemoniada, que nos está haciendo estragos, se va a imponer sin remedio. Por eso, nuestra oposición a la guerra; oposición a muerte. Por eso, no te extrañará que yo contribuya con ustedes a esta campaña contra la guerra, porque, si los beneficia a ustedes, en mayor medida nos beneficia a nosotros. Puedes tener la seguridad más absoluta de que, hoy por hoy, no hay nadie que sea más antifascista que nosotros, los soldados desconocidos. Esto es, por eso que ustedes llaman en su lenguaje las «contradicciones internas»... Gracias a tales «contradicciones internas», nosotros, producto de la guerra, que por ella tenemos gloria, prestigio, honores y posición, la combatimos, la tememos, la odiamos y luchamos por que no se repita... Es, para que tú lo comprendas mejor, ya que eres escritor y te codeas con artistas, como cuando un escritor o pintor o músico, llega a la fama y luego no le da el chance a ningún discípulo. Y si se lo da, es únicamente a condición de que se parezca a él y sea capaz de prolongar en cierto sentido su gloria y sus triunfos... Ni más ni menos, chico. Todo es así en este cabrón mundo, desengáñate.

—¿Así que tú piensas que Mussolini y Hitler han estado provocando la guerra, con esto de Abisinia y del Rhin? —le pregunté a Hiliodomiro para traerlo a las confesiones que más me interesaban.

—Te voy a decir. Lo cierto es que nos han hecho sudar de lo lindo. Pero a nosotros no se nos puede engañar. Y no se nos puede engañar porque, aparte de que somos espíritus, tenemos, como internacionales que somos, un servicio de espionaje que el de los alemanes y los japoneses no sirve para nada a su lado. Yo, por ejemplo, cuando Mussolini lanzó sus primeras tropas contra Abisinia y en respuesta a ello Inglaterra comenzó a almacenar barcos en el Mediterráneo, que parecía aquello un lago en día de regatas, me ericé, francamente. Dije para mí, aquí se va a armar un dale al que no te da que ni la Chambelona le va a hacer nada. Y por si acaso, recordando que yo, después de todo, no soy sino Soldado desconocido de Arlington, el Soldado desconocido norteamericano, me dispuse, prudentemente, a lanzar mis declaraciones de que América, la tierra de la libertad y la democracia, se mantendría alejada de los problemas europeos. Esto, te advierto, sobre todo, ahora que pronto vendrá el período electoral, era un gran golpe político de mi parte, porque aquí nadie quiere pelear, con lo que se demuestra un buen juicio magnífico. Pero el caso fue que no se hizo necesario el que yo publicara mis declaraciones; al enterarse los otros soldados desconocidos de lo que yo pensaba hacer, corrieron a verme y me explicaron con claridad cuál era el proceso real de las cosas. Así, el Soldado desconocido italiano, me dijo:

—Vamos, no seas bobo. ¿No conoces a Benito? ¿No ves que lo que él quiere hacer es distraer un poco a nuestros paisanos, salir en los balcones sobre las plazas y hablarle a la muchedumbre; ir al Coliseo a evocar las grandezas de César, y, si es posible, conquistar Etiopía, aunque provisionalmente, y traerse algún mariscal de allá y recibirlo a la antigua, como se hacia con las legiones romanas? Esto es todo, chico, porque él sabe que ni Inglaterra tira, ni Alemania tira, ni Francia tira. Y, él mismo, a la primera oportunidad que se le presente, tampoco tira nada. Aquí, no te ocupes, que todos quieren «ir al segurete», como tú dices cuando te pones a jugar el pocker. Y por eso él tira su «farol». Está viendo que Egipto, y Siria y la India están poniéndose belicosos y sabe que a la primera de cambio se sacuden las cadenas y se va a quedar sin imperio y sin esclavos. Y no le conviene. Mientras más barcos tú veas en el Mediterráneo, más miedo puedes calcularle a los ingleses. Y si no, pregúntale a este —y se dirigió al Soldado desconocido inglés—, del que ya te he hablado antes.

—Bueno, miedo no, porque Inglaterra jamás ha sentido miedo, dijo orgullosamente. Pero lo cierto es que Mussolini está poniéndose atrevido en demasía y es necesario contenerlo. Y no es ningún bruto en el fondo. En realidad, él no solo busca un pedazo más en África, sino que quiere ir ganando preeminencia en el Mediterráneo hasta desalojarnos de él. Este es su sueño. Y pretende olvidarse que nosotros, que Inglaterra, es la reina de los mares, como dicen todos los periódicos. De pasar el Mediterráneo a manos italianas, a la cultura latina, que es el disco de Mussolini, vendrá un gran atraso para la Humanidad, pues de nuevo, para explotar hasta el colmo la memoria de los romanos, impondrá el uso de la vela latina, y la navegación a remos en trirremes y quinquirremes. Y hasta puede ser que, para demostrar definitivamente que Colón era italiano, se le ocurra armar nuevas carabelas y mandarlas al descubrimiento de América y, enseguida, a su conquista...

El inglés, creyéndose que había dado con el gran argumento para hacerme salir de mi anunciada neutralidad en la próxima guerra, lo que significa[4]

4 Aquí se interrumpe el manuscrito. R.R.

## Libros a la carta

A la carta es un servicio especializado para
empresas,
librerías,
bibliotecas,
editoriales
y centros de enseñanza;
y permite confeccionar libros que, por su formato y concepción, sirven a los propósitos más específicos de estas instituciones.

Las empresas nos encargan ediciones personalizadas para marketing editorial o para regalos institucionales. Y los interesados solicitan, a título personal, ediciones antiguas, o no disponibles en el mercado; y las acompañan con notas y comentarios críticos.

Las ediciones tienen como apoyo un libro de estilo con todo tipo de referencias sobre los criterios de tratamiento tipográfico aplicados a nuestros libros que puede ser consultado en Linkgua-ediciones.com.

Linkgua edita por encargo diferentes versiones de una misma obra con distintos tratamientos ortotipográficos (actualizaciones de carácter divulgativo de un clásico, o versiones estrictamente fieles a la edición original de referencia).

Este servicio de ediciones a la carta le permitirá, si usted se dedica a la enseñanza, tener una forma de hacer pública su interpretación de un texto y, sobre una versión digitalizada «base», usted podrá introducir interpretaciones del texto fuente. Es un tópico que los profesores denuncien en clase los desmanes de una edición, o vayan comentando errores de interpretación de un texto y esta es una solución útil a esa necesidad del mundo académico.

Asimismo publicamos de manera sistemática, en un mismo catálogo, tesis doctorales y actas de congresos académicos, que son distribuidas a través de nuestra Web.

El servicio de «libros a la carta» funciona de dos formas.

1. Tenemos un fondo de libros digitalizados que usted puede personalizar en tiradas de al menos cinco ejemplares. Estas personalizaciones pueden ser de todo tipo: añadir notas de clase para uso de un grupo de estudiantes, introducir logos corporativos para uso con fines de marketing empresarial, etc.

Printed in Poland
by Amazon Fulfillment
Poland Sp. z o.o., Wrocław

69735781R00058